山东品牌优势研究

迟树功 主编

中国财经出版传媒集团
经济科学出版社
Economic Science Press

图书在版编目（CIP）数据

山东品牌优势研究/迟树功主编.—北京：经济科学出版社，2017.8

ISBN 978-7-5141-8443-3

Ⅰ.①山… Ⅱ.①迟… Ⅲ.①品牌-企业管理-研究-山东 Ⅳ.①F273.2

中国版本图书馆 CIP 数据核字（2017）第 229841 号

责任编辑：于海汛 刘 悦
责任校对：杨 海
版式设计：齐 杰
责任印制：潘泽新

山东品牌优势研究

迟树功 主编

经济科学出版社出版、发行 新华书店经销
社址：北京市海淀区阜成路甲 28 号 邮编：100142
总编部电话：010-88191217 发行部电话：010-88191522
网址：www.esp.com.cn
电子邮件：esp@esp.com.cn
天猫网店：经济科学出版社旗舰店
网址：http://jjkxcbs.tmall.com
北京财经印刷厂印装
710×1000 16 开 15.75 印张 220000 字
2017 年 8 月第 1 版 2017 年 8 月第 1 次印刷
ISBN 978-7-5141-8443-3 定价：46.00 元
（图书出现印装问题，本社负责调换。电话：010-88191510）
（版权所有 侵权必究 举报电话：010-88191586
电子邮箱：dbts@esp.com.cn）

前　言

　　进入 21 世纪，经济全球化和区域经济一体化已成为世界发展的大趋势，国内与国际市场的进一步开放，助推资源在全球范围的流动与配置，市场竞争日趋加剧，同时，世界进入质量经济时代，由追求生产效率和数量转变为追求质量和效益，也可以说 21 世纪是质量的世纪，当今的市场经济是品牌经济，依靠品牌尤其是知名品牌赢得竞争优势成为企业的不懈追求，依靠系列名牌支撑一国经济或区域经济已成为经济发展的重要战略选择。

　　品牌是顾客对产品或服务及供应商的所有体验和感知的总和，是用以识别销售者的产品或服务，并使之与竞争对手的产品或服务区别开来的商业名称及其标志，是企业的无形资产，也是企业核心竞争力和商业信誉的重要载体，因而发展品牌应集中建立在消费者所关心的品质之上，让消费者获取特殊的体验和感受。

品牌不仅是一个企业经济实力和市场信誉的集中反映,而且拥有知名品牌的多少,也是一个国家综合实力的象征,是一个民族或一个区域整体素质的体现。在现实生活中人们对于世界经济强国的了解和认识大都是从品牌开始的。品牌既是科技水平、创新能力、资源配置、经营管理等多种因素的集成,又是法制环境、文化教育、价值理念、诚信建设等多种因素的综合反映,拥有品牌影响力就具有市场话语权,现代市场经济的一个重要特征就是品牌主导。实施品牌战略对推进经济结构战略性调整,促进高新技术产业发展,转变经济发展方式,培育供给侧竞争优势,提高国内外市场竞争力等具有重要意义。

许多发达国家重视培育品牌,如美国创出了IBM、微软、福特、哈雷、宝洁、沃尔玛、可口可乐等著名品牌;作为现代品牌发源地的欧洲涌现出爱马仕、路易威登、百达翡丽、标致、西门子、伊莱克斯、诺华制药、大众、联合利华等著名品牌,形成了巨大的竞争优势,赢得了较高的国际市场占有率,控制着所在领域的产业链和价值链,成为一国经济发展的重要支撑点。

我们党和政府也高度重视品牌建设工作,把加强品牌建设作为经济社会转型发展的重要战略举措。党的十八大提出,要把推动发展的立足点转到提高质量和效益上来,形成以技术、品牌、质量、服务为核心的出口竞争优势。习近平同志提出,推动中国制造向中国创造转变、中国速度向中国质量转变、中国产品向中国品牌转变。我国政府也十分重视推进品牌建设,1996年国务院颁布了《质量振兴纲要》,明确提出"实施名牌发展战略，振兴民族工业。鼓励企业生产优质产品，支持有条件的企业创立名牌产品"。1997年，国家经贸委和国家技术监督局联合发布了《关于推动企业创名牌产品的若干意见》。2001年，国务院批准建立了中国名牌战略推进委员会，同年开展了中国名牌产品的评价认定试点工作，大大提高了我国产品质量总体水平，为提高人民群众生活质量、促进经济发展发挥了重要作用。我国还重视制定和实施自主品牌发展的"十三五"规划，以推动中国产品向中国品牌转变，促进经济发展提质增效升级。国务院还提出自2017年起，将每年5月10日设立为"中国品牌日"，发挥品牌引领作用，是深入贯彻落实创新、协调、绿色、开放、共享发展理念的必然要求，有利于激发企业创新创造活力，促进生产要素合理配置，提高全要素生产率，提升产品品质，推动供给结构升级，增加有效供给，提高供给体系的质量和效率；同时也有利于引领消费，创造新需求，满足内需升级，以及在经济全球化发展趋势下推动中国企业稳步走出国门。

　　从山东培育品牌来看，山东省委、省政府高度重视品牌建设在全省经济社会发展中所具有的重要地位和作用，积极推动"名牌战略"，重视利用政策推进山东品牌战略的实施，引导社会资源向品牌建设集聚。2016年山东省委省政府组织召开了山东省品牌建设大会，提出了"要深入实施质量强省及名牌战略，加强企业标准、计量和质量管理，实现由'山东制造'向'山东创造'、'山东设计'、'山东标准'的转变"要求。通过推进名牌带动战略的实施，名牌带动效应日益增强，有力推动着全省产业结构的调整和资源优化配置，提高了企业的自主创新能力和产品质量水平,增强了企业的竞争力,不断培育出供给侧竞争新优势,对引导和满足不断增长的消费需求,起到了十分积极的作用。也正因如此,需要加强研究山东已形成的品牌优势,总结其形成的经验,供企业培育品牌借鉴,推动山东各地重视培育品牌,以形成山东产业著名品牌群,提高山东企业整体竞争优势,不断培育出新的经济增长点,带动由山东制造向山东创造转变、由山东品牌向中国品牌和世界品牌转变,从而推动山东由制造大省向制造强省转变,由品牌大省向品牌强省转变,由经济大省向经济强省转变。这也正是本书编写的目的所在。

为推动对山东品牌优势尤其是培育品牌优势问题的研究,山东省重大经济理论和经济发展研究基地组织专家、学者和实际工作者围绕山东品牌建设问题开展了专题研究,使相关认识更加深入,扩大了理论视野,也紧密结合山东省情提出了有针对性的对策建议,这些研究成果也一并收录本书,成为本书的重要内容。本书分为三篇,第一篇为"山东省著名企业创名牌的实践及经验",选择了不同产业的具有代表性的创出中国名牌和著名世界品牌的企业,介绍了这些企业创名牌的做法,总结了可资借鉴的经验;第二篇为"山东省企业创出的著名品牌",包括著名世界品牌、中国名牌和山东省名牌;第三篇为"努力培育和提升山东品牌优势",汇集了专家、学者们的一些优秀研究成果。

本书在编写过程中做了大量的调查研究工作,尽管如此也难免存在一些问题,敬请读者批评指正。

编　者
2017 年 4 月

目 录

第一篇 山东省著名企业创名牌的实践及经验 ／（1）

海尔集团创世界名牌的实践及经验 …………………………（3）
山东黄金集团品牌建设的实践与经验 ………………………（9）
威高集团有限公司用心打造威高品牌 ………………………（17）
双星率先进行供给侧改革 争创中国轮胎的世界名牌 ………（22）
山东鲁花集团实施品牌战略的实践与经验 …………………（26）
山东登海种业股份有限公司培育种业品牌之路 ……………（33）

第二篇 山东省企业创出的著名品牌 ／（41）

培育出的著名世界品牌 ………………………………………（43）
培育出的中国名牌 ……………………………………………（44）
培育出的山东名牌 ……………………………………………（49）

第三篇 努力培育和提升山东品牌优势 ／（93）

海尔集团深入开展"双创"促进转型发展的
　做法及启示 ………………………… 国研室等单位联合调研组（95）

张瑞敏企业管理的核心思想及其体系 ………………… 李 芳（106）
山东省推动品牌建设的成效探讨 …………………… 王吉刚（113）
推进山东建设名牌强省的探索 ………………………… 迟树功（118）
品牌建设的"烟台样本" ……………………………… 王占益（124）
关于莱州市推进品牌战略的调查与思考 ……………… 徐雪梅（133）
丹阳市培育眼镜产业品牌的做法与经验 ……………… 成素英（140）
泰安农业品牌建设问题研究 …………………………… 何传新（146）
莱芜市"三品一标"农业品牌建设的探讨 …………… 常 颖（165）
平度市发展品牌农业的经验及启示 …………………… 宿爱梅（171）
生态农业品牌经济发展中的政府角色分析
　　——以东营市河口区为例 ………………………… 张 明（180）
山东文化品牌经济发展的困境与出路探析 …………… 孙守山（186）
着力打造"大泽平度"旅游品牌 ………… 窦美增　徐京利（192）
发展品牌经济，促进资源型城市转型
　　——以东营市为例 ………………………………… 卢建军（202）
积极实施商标战略　助推县域经济发展
　　——以泰安市东平县为例 ………………………… 李 平（208）
关于欠发达地区品牌经济发展的思考 ………………… 李 泉（213）
必须重视解决品牌建设中的三大软肋 ………………… 杨盛林（218）
关于尽快制定山东名牌经济促进
　　条例的建议 ……………………… 发展山东名牌经济课题组（224）
山东省政府重视运用规划和政策引领品牌建设 ……… 池 明（229）

后记 ……………………………………………………………（243）

第一篇
山东省著名企业创名牌的实践及经验

山东著名企业创出了一大批名牌产品,尤其是创出一批著名中国名牌和世界名牌,其创名牌的实践经验是宝贵的财富,值得总结与推广,以推动企业普遍重视创品牌特别是创国内外名牌,展示中国产品特有的品质,树立中国的品牌形象,不断培育出中国新的竞争优势。

海尔集团创世界名牌的实践及经验

海尔集团经历长期的创新发展，已成为世界著名企业，并创出世界知名的7大品牌：海尔、卡萨帝、统帅、日日顺、AQUA、GEA及斐雪派克（Fisher & Paykel）。1988年12月，海尔获得中国电冰箱行业的第一枚"国家优质产品奖"金牌，从此奠定了海尔冰箱在中国电冰箱行业的领军地位。1990年，海尔获得由中国企业管理协会颁发的"全国企业管理优秀奖"和由中国质量管理协会颁发的"国家质量管理奖"。在首届"中国驰名商标"评比中，海尔被评为"中国驰名商标"。2005年8月30日，海尔被英国《金融时报》评为"中国十大世界级品牌"之首。

海尔创出了具有世界影响力的品牌价值。2016年（第22届）中国品牌价值100强研究报告在美国波士顿揭晓，海尔以1516.28亿元的品牌价值稳坐"龙头"，这是海尔连续15年蝉联榜首。2016年6月22日由世界品牌实验室（World Brand Lab）主办的"世界品牌大会"发布了2016年（第十三届）《中国500最具价值品牌》分析报告。海尔以2218.65亿元的品牌价值占据第5位。

国际品牌咨询公司（Interbrand）发布2015年最佳中国品牌价值排行榜，海尔连续4年蝉联家电品牌第一。

2015年12月15日，世界品牌实验室发布海尔进入全球品牌TOP100，位列第82名。①

海尔集团发展的轨迹引人深思，其成功的实践经验值得总结，其创名牌的精神值得传承。

一、企业创立及发展轨迹

海尔集团公司的前身是1955年青岛电器修配合作社；1959年更名为青岛电机修配厂；1966年又改名青岛东风电机厂；1979年，搬迁至青岛市四方区小白干路165号，兼并青岛工具四厂，改名青岛日用电器厂，生产电机、电动葫芦、鼓风机，是一家集体所有制企业。1983年开始研制"瑞雪牌"电冰箱，1984年1月，经青岛市经济贸易委员会批准，正式改名"青岛电冰箱总厂"，为轻工业部电冰箱定点生产厂家。1984年10月，该厂引进联邦德国利勃海尔电冰箱生产技术。12月26日，时任青岛市家用电器工业公司副经理，年仅35岁的张瑞敏带领新的领导班子来到青岛电冰箱总厂上任，当时企业亏损147万元。张瑞敏重视从战略和责任的高度抓质量管理，把确保产品质量看成是企业的生命和对消费者的一种承诺，绝不让不合格产品出厂，并以持续创新为动力，打造出了满足和引领消费需求的高品质产品，使"海尔"成为了同"中国高铁"等一样的中国名片。

目前海尔已在全球建立起十大研发中心，21个工业园，66个营销中心，全球员工总数达到7.3万人。

据欧睿国际数据，2015年海尔品牌零售量占全球市场的9.8%，第七次蝉联全球第一。中国企业大家电的全球销量占全球大家电销量的23.3%，中国家电海外销售中，品牌家电仅占4%，而海尔在其中占了82%，这意味着在海外每销售10台中国自主品牌的家电产品，有8台以上是海尔品牌的。

---

① 资料来源：作者调查整理。

二、海尔集团培育品牌的做法

（一）互联网时代创牌的方向：从品牌经济到平台经济

互联网时代是双边或多边市场，无数厂家与无数用户在平台上产生持续交互，用户选择名牌的依据是谁的体验好就选择谁。因此，互联网时代企业不能局限在以产品为中心创名牌，而应该以用户体验为中心打造生态圈，而这就要从产品经济过渡到社群经济，从品牌经济过渡到平台经济。

（二）互联网时代创牌的路径：以"人单合一"模式创生态品牌

要实现从传统品牌向互联网品牌的转变就要对企业进行彻底颠覆，海尔通过"人单合一"模式创新，对企业进行了三大颠覆：商业模式颠覆、制造模式颠覆和消费模式颠覆。

首先，是商业模式颠覆。海尔把组织彻底打散了，变传统封闭的科层制企业为开放的创业平台，整个组织只有三类人：平台主、小微主和创客，这三类人没有职位高低，所有的人都围绕用户需求进行创新，目的就是创造用户的全流程最佳体验。

其次，是制造模式颠覆。海尔探索互联工厂，互联工厂本质体现的是一个生态系统，让每个用户都是"产消者"，把各种不同的需求进行有效的整合，实现了大规模的定制。

最后，是消费模式的颠覆。产品经济是以企业为中心的产销分离，而社群经济就必须以用户为中心实现产销合一。为此，海尔将智能产品作为连接件，将电器变网器再变成网站，不再单纯卖硬件，而是打造吸引用户交互的平台。

三、品牌的智造取向及潜力

海尔提出的互联工厂，不是一个工厂的概念，而是一个生态系统，是整个企业全系统全流程都要进行变革，互联工厂模式集中体现了《中国制造2025》中商业模式和制造模式的变革实践。核心要抓住以下两点：

1. 商业模式变革，本质就是以企业为中心转为以用户为中心，创造有效需求，有效供给。

2. 制造模式的变革，从大规模制造到大规模定制，实现用户体验的无缝化、透明化和可视化。

海尔目前已建成7大互联工厂，互联工厂整体效率大幅提升，产品开发周期缩短20%以上，交货周期由21天缩短到7~15天，能源利用率提升5%。

2015年4月海尔集团首批通过国家两化融合管理体系的贯标；6月，海尔互联工厂项目首批入选2015年工信部智能制造标准专项项目；7月，海尔互联工厂被确定为工信部2015年智能制造试点综合示范项目，是白色家电领域唯一的示范项目。

2016年3月10日，海尔发布了具备自主知识产权、支持大规模定制的首创互联网架构软件平台COSMO，海尔COSMO4.0系统是具有自主产权的智造云平台，将实现对外服务，带动行业发展。

四、制定与引领行业标准

截至目前，海尔累计获得国家科技进步奖13项，占家电行业获奖总量的67%；累计获得国际设计大奖iF、红点设计奖84项，引领着全球家电行业的发展。海尔的发明专利占比65%，专利授权率91%。在标准方面，海尔是中国家电行业标准的引领者，在全球有47个IEC工作组专家席位，主导的国际或国家标准数量在行业内遥遥领先。2015年，由海尔牵头成立的（IEC/SC59M/WG4）冰箱保鲜国际标准工作组，主导制定了冰箱保鲜国际标准，实现了中国冰箱行业在国际标准组织零的突破。①

五、培育核心竞争力，保持品牌的持续竞争优势

核心竞争力是传统企业管理的概念，在互联网时代，传统企业终将消亡，平台必将盛行。海尔自2005年开始进行的"人单合一"模式转型，就是要将企业变成平台生态圈。平台的竞争，其核心竞争力是网络价值，即用户流量、用户规模和用户黏性。

海尔平台的核心竞争力是将企业变成平台，员工变成创客，并持续迭代升级的"人单合一"模式。

由海尔在全球首创的"人单合一"模式，具有时代性、普适性和社会性的三性引领特征。不但顺应了互联网的"零距离""去中心化"和"去中介化"时代要求，强调人的价值第一，对不同人群、不同的文化背景和不同行业具有普遍的适用性，成为互联网时代管理方面的通用语言。

"人单合一"模式是通过打破企业外部的边界和内部的墙，把企业变革成为开放的创业平台，让外部的资源和人才能自由流动，实现了企业平台化、员工创客化、用户个性化，并把"三权"（决策权、用人权和分配权）下放给创业者和动态合伙人，实现了"创客所有制"，大大激发了员工的创新、创业热情。

总之，以上成果的取得，得益于海尔的开放创新平台（Haier Open Partnership Ecosystem，简称HOPE），在这个平台上，海尔可触及的全球一流资源达320万家，平均每天产生创意24个，源源不断的产生领

---

① 资料来源：海尔集团网站、作者调研整理。

先的创意和产品。

  2015 年海尔销售额 1887 亿元,利润 180 亿元,线上交易额 1577 亿元。① 从 2007~2015 年,海尔连续 9 年复合增长率 30% 以上,是营收增长率的 5.5 倍。2016 年上半年,在家电行业整体低迷的环境下,青岛海尔逆势增长,成为国内家电企业中唯一一个实现收入、利润双增长的公司。2016 年第三季度,海尔"人单合一"模式探索效果逐步释放,青岛海尔营业收入单季度增长超过 50%。

---

① 资料来源:海尔集团年度报告。

山东黄金集团品牌建设的实践与经验

山东黄金集团有限公司是中国500强企业，全球黄金公司前20强。山东黄金集团有限公司创出的著名品牌为"山东黄金"。2015年，山东黄金集团以营业收入667.1亿元位居中国企业500强第177位，以矿产金产量36.03吨位列全球黄金公司排名第17位。①

一、山东黄金集团有限公司创立及发展轨迹

山东黄金集团有限公司的前身为山东省黄金公司，成立于1975年，为山东省冶金厅的处级单位。1979年，实行"部省双重领导，以冶金部为主"的管理体制。1982年，经冶金部批准，将山东黄金公司改为地市级单位，行使山东省黄金行业管理职能。1988年，冶金部将其下放给山东省政府管理，山东省黄金公司更名为山东省黄金工业总公司。1989年，山东省政府确定山东省黄金工业总公司增挂山东省黄金工业局的牌子，行使对全省黄金工业的行政管理职能，与山东省黄金工业总公司一套班子、双重职能。1996年7月12日，山东省人民政府下发《山东省人民政府关于同意成立山东黄金集团有限公司的批复》，批准

---

① 资料来源：作者调研整理。

由原山东省黄金工业总公司和山东省属玲珑金矿、新城金矿、焦家金矿、三山岛金矿、沂南金矿改制成立为国有独资公司，并以此为核心，以原山东省黄金工业总公司其他直属企业为紧密层组建山东黄金集团有限公司。

山东黄金集团有限公司从1996年组建以来，已由最初的5个省内黄金矿山发展成为遍布山东、河南、内蒙古、福建、青海、海南、陕西、甘肃等8个省（区）、18个县（市）的29家矿山企业。黄金产量、资源储备、经济效益、科技水平及人才优势均居全国黄金行业前列。2012年，实现营业收入572.27亿元，实现利润28.2亿元，资产总额521.64亿元；2013年，实现营业收入621.21亿元，资产总额670.2亿元；2014年，在黄金、有色产品价格持续低迷的情况下，完成黄金产量35.4吨，实现营业总收入760.18亿元，利润总额5.92亿元。2015年，在黄金、有色产品价格持续低迷的情况下，完成黄金产量36.03吨，实现营业总收入667.1亿元，利润总额6.94亿元。集团连续多年被评为中国企业500强，其中2015年名列中国企业500强第177位，如表1-1所示。

表1-1　　山东黄金集团2013~2015年基本情况及研发状况

企业名称	山东黄金集团有限公司		
主营业务所属行业	有色		
（一）企业经营基本情况			
年份	2013	2014	2015
营业收入总额（万元，人民币）	6212099.42	7601782.47	6819802.5
其中：境外投资营业收入（万元，人民币）	53583.77	1472.37	960.65
企业利润总额（万元，人民币）	-14007.32	59237.58	68929.96
其中：境外投资利润（万元，人民币）	-50665.75	-53988.36	-23147.22
（二）企业创新投入情况			
研究与试验发展经费投入（万元，人民币）	45167.97	21492.32	18270.69
研究与试验发展人员数（人）	1389	1206	1370

续表

（三）企业创新平台	
国家级创新平台	国家认定企业技术中心（支持部门：发展改革委等5部委） 博士后科研工作站（支持部门：人力资源和社会保障部）
实验检测检验平台	黄金、白银的冶炼及服务 黄金、白银质量检测中心
技术开发仪器设备原值（万元，人民币）	18837.8

（四）企业创新产出情况			
专利（2015年，件）	国内有效发明专利拥有量	境外有效发明专利拥有量	国内发明专利申请量	境外发明专利申请量
	35	0	12	0
新产品产值（万元，人民币）	2013年	2014年	2015年
	1836521.6	1428897.14	1327241
主持制定国家标准（发布日期，件）	2013年	2014年	2015年
	3	0	1
技术优势	1. 深部勘探：国内勘探水平基本在400米左右，而山东黄金具有领先的1000米以上的深部勘探技术，并在三山岛完成了4000米深钻 2. 开采：在开采领域具有领先的海底开采技术并在三山岛金矿进行应用。山东黄金大规模使用机械化设备，实现开采的科学化和高效性 3. 选矿：目前矿区内实现高效的机械化选矿生产，并不断通过技术改造实现选矿指标提升，选矿技术指标一直保持世界先进水平 4. 冶炼：目前集团建立了200吨产能的冶炼中心，是国内提供交易量最大的冶炼厂，引入瑞典先进的冶炼技术			

资料来源：山东黄金集团有限公司网站、作者调研整理。

二、品牌培育的做法

品牌是企业存在与发展的灵魂，也是企业重要资产和软实力的体现。一个声誉卓著、影响深远的品牌,对于打造企业的核心竞争优势具有重要意义。山东黄金集团将品牌的塑造培育纳入企业战略,经过20余年的潜心经营,打造出了"山东黄金"金字品牌,得到了社会各界的广泛认可,知名度和影响力不断提升。

(一)深度提炼"山东黄金"品牌内涵

山东黄金集团作为国内黄金行业的翘楚,在黄金产量、资源储备、经济效益、科技水平及人才优势等方面,始终引领着行业的发展,为惠泽员工、回报股东、造福社会、富强国家做出了卓越贡献。黄金文化,源远流长,特色鲜明。植根于黄金文化的"山东黄金"品牌,充分彰显了"精诚所至,吞石吐金。勇立潮头,点石成金"的文化底蕴,"追求卓越,创新进取"的企业精神,"公正、开放、诚信、责任、包容、和谐"的核心价值观,安全环保、关怀、经营、廉洁等理念成为企业特有的内生资源、内聚力和发展动力的源泉。迈进"十三五",以战略为先导,以文化为引领,"山东黄金"品牌内涵也不断丰富。特别是在向着"争做国际一流,勇闯世界前十"的战略目标奋进的过程中,"山东黄金"品牌必将屹立于世界品牌之林。

(二)全新塑造"山东黄金"品牌形象

山东黄金集团高度重视品牌建设,着力塑造"山东黄金"品牌形象。首先,建立集团统一的视觉识别形象。注册集团LOGO,按照集团VI,对所辖企业LOGO应用及公关、广告使用进行了规范,自上而下建立体系,塑造了集团整齐划一的品牌形象。其次,利用各种有效方式展示品牌形象。在深圳设立了"山东黄金"品牌运营中心,在市场上推出"山东黄金"品牌投资金条,进行营销,建立品牌的卓越信誉。根据集团发展需要,设计制作"山东黄金"品牌系列产品,包括宣传画册、宣传片及各种宣传品,提升品牌形象和知名度。

（三）持续扩大"山东黄金，生态矿业"品牌影响力

根据"山东黄金"品牌特点，确立"山东黄金，生态矿业"的品牌形象。在业内率先组织开展生态矿业研究，总结提炼生态矿业理念、实践成果和建设路径，引领行业发展，并获得了第二十七届山东省企业管理现代化创新成果一等奖。针对集团资源开发拓展到青海三江源自然保护区、内蒙古呼伦贝尔原始森林、巴林左旗草原、东乌旗草原、海南热带雨林等生态敏感区的情况，组织开展了"爱护野生动物，保护生态环境"特色活动，以实际行动践行生态矿业的品牌承诺。在央视黄金时段推出"山东黄金，生态矿业"品牌形象广告片，引起社会强烈反响。在中国国际矿业大会、中国国际黄金大会上，策划制作"山东黄金，生态矿业"品牌形象展厅，受到业内外的广泛关注。

（四）做好品牌管理和维护工作

品牌是企业的灵魂，品牌培育的重点是品牌的维持。山东黄金集团将品牌管理和维护工作纳入日常经营管理，形成专业模块，先后制定了品牌宣传、品牌建设、舆情监控、新闻发言人等一系列制度规定，使工作有章可循、有据可依。在此基础上，对内加大品牌理念的宣传落实力度，让广大干部职工深刻认识品牌对集团发展的重要意义，自觉认同和维护山东黄金品牌；对外主动与主流媒体加强沟通交流，加强舆情监测，在事关集团发展的重大和关键事项上，引导媒体作出有利于集团的宣传，维护好品牌形象。

三、培育企业核心竞争力

山东黄金集团努力培育多种能力为内核的核心竞争力，以提高自身的核心竞争力。

（一）资源获取能力

经过近几年的不断拓展，山东黄金集团的矿产资源已取得大幅增长，从资源分布来看，集团形成以胶东区域为核心，遍布山东、内蒙古、福建、河南、甘肃、青海、海南等区域的资源覆盖面。胶东地区以矿业股份公司为核心，矿产金90%产自胶东地区，未来还将在此区域进一步整合，借助资源区位优势为集约化和规模化奠定基础，使其在生产效率与管理效率上具备较大优势。

（二）科研技术能力

从科技投入看，集团的科技投入占比较过去5年年均增长50%，目前在国内企业中相对较高。技术层面来看，集团目前拥有业内较为领先的深部探矿、海底开采及冶炼技术；勘探方面集团现具有领先的1000米以上的深部勘探技术，并在三山岛完成了4000米钻孔；开采方面，具有领先的海底开采技术并在三山岛金矿投入运用，同时集团大规模使用机械化设备，较早实现了开采的科学化和高效性；选矿方面，目前矿区内已实现高效的机械化选矿生产，并不断通过技术改造实现选矿指标提升；冶炼方面，集团建立了1200吨/日产能的黄金氰化冶炼中心，是国内提供交易量最大的冶炼厂，黄金精炼采用世界领先的瑞典波利登金银精炼技术。

（三）生产运营能力

生产运营方面，集团各企业围绕生产中的难点、关键点想办法、找对策，建立严格的指标分解机制和考核奖惩机制，提高生产组织积极性和创造性，通过一系列劳动竞赛活动，强化统筹协调、突出奖罚激励，矿山技改经验日渐丰富，机械设备应用日臻成熟，促使集团生产指标不断攀升新台阶。在紧抓生产的同时，集团始终把安全和环保能力作为矿业企业的第一竞争力，层层落实安全生产责任，不断加大安全生产投入,强化安全技术和成果推广,全面改善一线生产环境;严格安全生产指标奖惩考核,坚持领导下井带班制度和现场安全培训制度。集团在所属矿山推广应用了水源热泵、空压机热能回收、氰化废水处理等技术,采用了高压辊磨机、高效浓密机、半自磨机、地源热泵等高效、节能、环保设备,取得了良好的社会效益和经济效益。

(四) 内部管理能力

面对复杂多变的市场环境,集团始终坚持眼睛向内、苦练内功,通过加强精细化管理、优化指标、控制成本,提升了管理水平和管理效率,通过深化对标管理,明确赶超目标,完善对标体系,制定赶超措施,优化了管理流程和管理架构。风险管理与内部控制的充分融合,有效推动了风险导向的内控体系建设,风险管控能力得到较大提升。

四、企业参与制定的行业标准

山东黄金集团参与制定了多种行业标准,其中主要的行业标准如下:
1. 黄金矿地下水动态观测技术规范(YS/T 3009 - 2012);
2. 黄金矿地下水水量管理模型技术要求(YS/T 3010 - 2012);
3. 黄金矿开采工程岩石物理力学性质试验技术规范(YS/T 3011 - 2012);
4. 黄金矿水害防治水化学分析技术规范(YS/T 3012 - 2012);
5. 水下黄金矿开采巷道岩体变形观测技术规范(YS/T 3013 - 2012)。

五、品牌智造理念及潜力

山东黄金集团坚定不移地走低投入、低能耗、低污染、高产出的可持续发展之路,全力打造中国生态矿业品牌,不仅拥有业内最完善的产业链、代表业内先进水平的核心技术、业内最高标准和最大规模的黄金基地，而且拥有闻名国内外的生态矿山群和备受业内瞩目的资源储备，以及十一家国家级绿色矿山，得到社会的广泛认可和赞誉。

目前，社会上关于生态矿业的研究比较少，还没有在系统总结生态矿业建设的实践经验基础上形成完整的理论体系。山东黄金集团开展生态矿业研究，旨在系统总结建设生态矿业的实践经验，倡导和建立生态矿业的理念体系和建设标准，指导和推动山东黄金集团在现有基础上更好更快发展，为中国矿业乃至世界矿业发展提供一些可供参考和借鉴的经验。

威高集团有限公司用心打造威高品牌

威高集团有限公司始建于 1988 年，依靠 2.5 万元创业，以一次性医疗器械和药品为主业，发展了房地产、航天军工、投资等产业，下辖医用制品、血液净化、骨科、医疗装备、药业、心内耗材、医疗商业、房地产、投资等 8 大产业的集团、40 多个子公司，厂区占地面积 400 万平方米，其中 GMP 车间 260 多万平方米，拥有总资产 400 多亿元。2015 年实现销售收入 285 亿元，利税 42 亿元。医疗器械和药品主要有输注耗材、输血器材、心脏支架及心内耗材、留置针及各种异型针、血液净化设备及耗材、骨科材料、手术设备及附件、创伤护理、微创器械及设备、ICU 产品及附件、大容量注射液及其他药品、肾科产品、生物诊断试剂、人造血浆、手术缝合线、生物种植体、PVC 及非 PVC 原料等 40 多个系列，500 多种、8 万多个规格。

威高人始终相信："欲立品牌，先立人"。将"三心"文化融入品牌建设之中，以"良心、诚心、忠心"的"三心"文化为基础，以"偕同白衣使者，开创健康未来"为使命，建立了全员品牌管理体系，形成一套完整的品牌化的员工思想与行为体系规范，全程化、全方位开展威高品牌建设：规划品牌战略，以持续的创新能力为主要手段，以卓越的质量管理体系不断强化基于产品和服务优良品质的优势品牌核心竞争力，从中国制造升级为国际知名的中国品牌，致力于打造一个"进军世界强企之列、亚洲领先、中国最强、最受人尊敬的医疗器械和医药企业",最终树立起"威高安全、可靠、值得信赖的国际化的医药与医疗器械专业品牌形象"。

"洁瑞""威高"商标分别在2005年和2015年被国家工商行政管理总局商标评审委员会评为中国驰名商标。同时"威高"荣获了"质量稳定合格消费者放心品牌""山东省著名商标""中国最有价值商标500强"等20多项荣誉。威高集团在中国医药工业中位居第4名,连续两年进入中国500强企业。① 公司已发展成为品种齐全、安全可靠、值得信赖、中国领先的医疗系统解决方案制造商。

一、威高实施全员质量管理打造卓越品牌

名牌的根基是质量,过硬的质量铸就卓越品牌。威高始终坚持"满足并努力超越顾客的最大需求"的质量方针,狠抓质量管理。大力加强员工的质量培训,让全体员工牢记"每一个产品关系到患者的生命,优质产品是千万人健康的保证",在生产中精益求精,环环把关。高度重视建立健全质量管理体系,实施全员质量管理、质量管理一票否决制、"一把手"责任制。1998年,威高集团在同行业中率先通过质量体系认证,1999年在同行业中率先通过欧盟CE认证,并通过了GMP认证,至今有8套体系运行。为确保质量,威高建立了具有国际先进水平的检测机构,是中国医疗器械行业唯一通过国家实验室认可委员会认可的检测机构,具有自检资格,其出具的检测报告具有国际效力,获得亚太地区乃至世界其他一些地区的承认。依靠优质产品,威高获得了"山东省省长质量奖""山东省管理创新奖""中国卓越绩效模式管理先进企业"等荣誉。

---

① 资料来源:作者调研整理。

二、威高通过科技创新打造卓越品牌

持续的科技创新是基于威高品牌定位的最重要的品牌品质基因。威高集团的科技创新始终以市场需求为中心,形成了科技促进产业、产业反哺科研的良性循环机制。

从"中国制造"到"中国智造",抓人才队伍建设是关键,更是威高集团打造一流品牌的法宝。威高集团有限公司董事长陈学利提出,人才是发展的动力,打造高端品牌,靠人才,更靠专家,把人才用好,让其充分发挥作用,才能研好、管好、造好一流产品,打造一流品牌。

威高集团始终坚持依靠人才的创新力推动科技创新,通过科技创新不断研发高精尖产品,丰富产品结构,提升产品档次,不断提高产品的技术竞争力。威高集团致力于研发国际前沿技术,推进企业向医疗器械高端产业、高端产品进军,适应市场需要。威高集团拥有以国家技术中心和国家工程实验室为主的国家和省级研发平台10多个,并在北京、上海、天津、长春、深圳设立了研发机构,每年的投入占销售收入5%左右。通过研发国际一流产品,对进口高端医疗产品实施国产替代战略。大力建立技术联盟,整合国内医疗器械行业高端资源,与中国科学院、中国工程院、军事医学科学院等科研院所建立了战略合作关系,共同研发国际前沿技术。先后研发了100多种产品,打破国外垄断,承担了30项国家科技项目,获得了国家科学技术进步二等奖。

三、威高构建全员品牌管理体系打造卓越品牌

威高卓越品牌形成的过程就是威高产品与客户关系发展的品牌沟通、传播的推广过程,也是威高品牌资产的增值过程。

威高采取集中统一的管理方式维护品牌形象。由集团总部运营管理部统一协调涉及品牌的各项管理工作,设立专业的品牌管理机构,明确

品牌管理与维护职责，建立了系统的品牌管理与维护制度及流程，如对商标注册与使用、危机事件和客户与患者投诉的处理制定管理制度并实施。各有关部门职权明晰、各司其职，保障品牌管理与维护系统、工作机制运行稳定，切实维护了威高品牌形象与权益，提高了市场占有率。

目前，威高在国内已注册152个商标，其中"洁瑞"商标2005年被认定为中国驰名商标；"WEGO威高"商标2015年被认定为中国驰名商标；"WEGO威高"商标在78个国家和地区注册，"WEGO"商标在89个国家和地区注册。

威高产品的三级医院覆盖率达到81.3%，血站覆盖率达到77.2%。血液净化系列、骨科系列市场占有率达到30%左右，输注耗材、血袋、预充式注射器等高端医用耗材的市场占有率达到80%左右，核心产品品牌成为国内同行业第一品牌。

作为香港主板上市公司，威高品牌战略的规划与实施立足于全球，以国际化视野构建国际化品牌。威高集团适应全球化市场竞争需要，积极参与国际标准的对接，积极参加国际展会，努力扩大国际市场占有率，现已建立了完整的国际销售网络，产品销售到非洲、中东、中亚等70多个国家和地区。

目前，威高品牌已经从本土品牌形象提升到具有高科技感的、专业化的国际品牌形象；从中等品质的品牌知觉质量提升到具有国际品质的品牌知觉质量；从国内高品牌知名度、美誉度和忠诚度提升到国际高品牌知名度、美誉度和忠诚度，为扩大中国医疗器械品牌在全球市场的影响力做出了应有的贡献。

2016年6月22日，国务院办公厅印发《关于发挥品牌引领作用推动供需结构升级的意见》，我国开始启动实施品牌基础建设、供给结构升级、需求结构升级3项重大工程。这是国家层面高度重视贯彻落实"创新、协调、绿色、开放、共享发展理念"的重要体现，是推进供给侧结构性改革的重要举措，也是培育经济发展新动能的重要途径。

今天中国经济的发展，比任何时候都需要一批能够在全球市场上代表国家品牌形象来参与商业竞争、文化交流的全球企业品牌。

威高集团的事业是一个没有终点的关于人类健康梦想的伟大追求。威高一定要抓住这一历史性机遇，迎接新挑战，全方位彰显国际化的中国品牌自信、责任自省与使命自觉，早日成为医药和医疗器械领域的国家级全球企业品牌，为全人类健康事业进步做出更大贡献。

双星率先进行供给侧改革　争创中国轮胎的世界名牌

双星集团成立于1921年，是中国最早进入橡胶工业的企业，也是山东省目前唯一一个国有上市轮胎公司。2014年，双星开启了"二次创业、创双星轮胎世界名牌"新征程，开始淘汰落后产能，积极打造物联网生态圈，建立智能化工业4.0工厂，实现工艺流程的创新和升级，与此同时，建立以用户为核心的服务4.0生态圈，紧紧围绕用户需求创造有效供给。

一、双星物联网生态圈的探索实践

双星集团建立物联网生态圈的目的是进一步响应党中央的号召，加快供给侧改革的步伐，实现从有效供给到创造需求和创造品牌。

双星集团建立汽车后市场"服务4.0生态圈"+轮胎及智能装备"工业4.0生态圈"。

（一）服务4.0生态圈

汽车后市场"服务4.0生态圈"即通过双星轮胎切入，建立开放的汽车后市场"服务4.0生态圈"，即"O+O"。第一个"O"是Online，即"1+N"（一个自营电商+N个社会化电商），实现线上线下无缝对接；第二个"O"是Offline，即"E+E"（高速路上通达全国，高速路下遍布社区、乡镇的"移动星猴"服务），实现路上路下无处不在：1+4（支持中心、形象店、体验店、伞下店、移动星猴）。整个系统从用户交互到用户体验、交易、选择服务方式、实际上门服务、服务评测，实现全流程闭环。

2015年，双星轮胎牵头起草《轮胎类产品售后服务标准》，这是中国轮胎行业在服务方面的首个国家标准。制造业服务化是行业发展的新兴趋势，企业价值链以"制造为中心"向"服务为中心"转变。该标准的制定与启用将有助于中国轮胎企业向服务型企业转化，进一步加强中国轮胎企业的综合竞争能力。

（二）工业4.0生态圈

轮胎及智能装备"工业4.0生态圈"，即通过建设双星轮胎工业4.0样板工厂，建立轮胎及轮胎智能装备的"工业4.0生态圈"。从机械化（1.0）到电气化（2.0）到信息化（3.0）到智能化（4.0），我们认识到"工业4.0"不是狭义意义上高度自动化的工厂，而是由用户指挥、数据驱动、软件运营的智能系统。通过智能化的建设，实现双星"工业4.0"工厂的六大智能：智能定制、智能排产、智能送料、智能检测、智能仓储、智能评测。

为了满足物联网生态圈战略的需要，双星正在配套建设六大保障体系，包括二次创业中心、云网大数据中心、全球研发中心、国际级检测中心、国际级试车中心及国际级物流中心六大体系。

二、双星物联网生态圈的实践效果

双星集团3年来按照青岛市委市政府关于环保搬迁、腾笼换鸟、凤凰涅槃的战略部署，不断淘汰落后产能，加速转型升级，加快产品创新、市场创新、模式创新和智能化工厂建设,并在行业内率先提出建立互联网平台企业的战略构想和率先实施"三化两圈"物联网生态圈战略,实现了自 2014 年以来经济效益持续增长、品牌持续提升。

(一)经营指标

2016 年截至 10 月整个集团产品销量、收入增长超过 60%,利润增长超过 45%,出口创汇同比增长 33%,产量增长 71%。

(二)市场地位

双星将目光瞄向了海外市场,加速了全球化的步伐,推进实施"营销当地化、制造洲际化、研发全球化"海外战略。目前,双星轮胎已出口 140 多个国家和地区,是中国同行业获准进入国际市场范围最大的企业之一。双星成为了中国 500 强中最具价值品牌轮胎企业第 1 名;亚洲品牌 500 强中国轮胎第 1 名;全球轮胎 75 强位列第 34 位。[①]

(三)获荣誉称号

双星被工信部评为"绿色轮胎智能制造试点示范企业"(轮胎行业唯一)"全国质量标杆""工业品牌培育示范企业""技术创新示范企业",是 5 年以来中国所有企业中唯一一家获得全部 4 项国家级殊荣的企业。[②]

三、创建双星物联网生态圈的经验

创建物联网生态圈的实践表明,企业只有开放才能够谈得上国际水准。双星的"工业 4.0"工厂得到了欧日韩专家和伙伴的大力帮助和支

---

① 资料来源:双星集团有限责任公司网站、作者调研整理。
② 资料来源:双星集团有限责任公司网站。

持,借鉴和集成了全世界最先进的理念和技术。双星是轮胎行业目前唯一一个对外全开放的"工业 4.0"工厂。开放后,获得了 50 多条有效的建议或意见,使得其发展方案更趋完善和优化。很多企业担心参观后会被别人学去,但仅看看就能学去的技术,算不上核心技术。

双星将在品牌培育的实践中不断总结和提高,坚持"第一、开放、创新"的发展理念,加速推进"三化两圈"物联网战略,加速推进产品的差异化创新,加速推进市场全球化,加速推进经营单元公司化,使创双星轮胎世界名牌的目标早日实现。

山东鲁花集团实施品牌战略的实践与经验

鲁花集团只用了短短十几年的时间,从一个乡间作坊发展为一个现代化油脂企业集团,从为别的企业加工原料到国内食用油行业第一品牌,成为我国企业界的一个奇迹。这一奇迹的创造,靠的就是品牌战略的实施。多年来,鲁花集团积极实施名牌带动战略,以争做中国食用油第一品牌作为奋斗目标,坚持做大做强做优主导产业,将技术优势、品牌优势和资源优势转化为竞争优势、市场优势和产业优势,有力地推动了企业健康快速发展。鲁花集团从建厂伊始就遵循和追求"诚信为本,用心打造消费者满意品牌"的发展目标,先后荣获了"国家级放心油""人民大会堂国宴用油""营养健康倡导产品""中国驰名商标""中国名牌""中华慈善奖""国家科学技术进步奖"等荣誉称号。[①]

一、掌握核心技术,让百姓吃上放心油

科技创新水平代表着一个企业一个品牌为消费者服务的能力。依靠科技创新,生产优质产品,保障消费者饮食安全,是企业诚信经营的根本。鲁花集团一直把科技创新当成企业服务于消费者的源动力,而且这

---

① 资料来源:作者调研整理。

种动力自始至终地注入品牌发展的全过程。

20世纪80年代初,在鲁花集团生产花生油之前,市场上的花生油是土榨法生产出来的毛油,卫生标准差,容易起沫冒烟,不利于消费者的健康。为了生产出品质一流的花生油,从1986~1992年,鲁花人历经6年时间,遍访专家,反复实验,吃尽了千辛万苦。记得在工艺研制的关键时期,技术人员都长达20多天不能回家,吃住在车间里,个个都满身油渍,有的甚至因一次次失败,急得吃不下饭。就是凭着鲁花人不达目的决不罢休的坚强意志和必胜信念,经过2000多个日日夜夜的艰苦努力,终于在1992年攻克所有技术难关,研制出了"5S物理压榨工艺"。

这一技术性的革命,实现了花生油从传统的土榨法向规模化、现代化生产工艺的创新与变革,引起了社会的广泛关注,也引发了中国食用油的"二次革命"。2002年,《花生油国家标准》依据鲁花花生油的企业标准,进行了重新修订。[①] 鲁花为推动中国花生油行业标准的发展做出了巨大贡献。鲁花集团研发的"5S物理压榨工艺"科技含量高,是世界领先的食用油制造工艺,填补了国内外空白,引领了我国食用油工艺发展的方向。

在鲁花的5S压榨工艺中,有一项核心技术是"去除黄曲霉素技术",当时,还是世界难题。世界各国都对其设定"限量标准",我国的标准是不超过20微克/千克。鲁花集团研发的这一技术不仅能彻底去除油品中的黄曲霉素,而且不改变花生油的营养、风味等品质特征。整个工艺过程不需要加入任何化学物质,也不产生废水、废气及固体废弃物的污染。这一技术荣获了国家发明专利,填补了该项技术的国际空白。由此,鲁花花生油开创了中国花生油黄曲霉素"零时代",践行了鲁花"绝不让消费者食用一滴不利于健康的油"的承诺。2013年,以去除黄曲霉素为核心技术的鲁花5S压榨工艺,荣获国家科学技术进步

---

① 资料来源:大众网网站,2016年6月19日。

奖，刷新了中国食用油行业 20 多年来的"技术新高"。

鲁花集团这一系列技术的创新与突破，在中国花生油生产领域是一次具有划时代意义的创举，更是鲁花人心系消费者、诚信经营、提升自身服务能力的真实写照。

二、把牢产品质量关，"尝"出浓香中国味

对于一个品牌来讲，产品品质就是一个品牌的命根子。技术创新为鲁花集团赢得了中国花生油第一品牌的主动权，但公司深刻认识到，一流的品牌必须要有一流的产品、一流的产品必须要有一流的质量。为此，鲁花在创建名牌过程中，始终把产品质量放在首位，在原料选择、质量控制、成品储存等各个环节严格把关，并坚持只榨取第一道花生原汁。

首先，诚信收购、严把原料关。"好米出好油"，看产品质量好坏，人们首先要看的就是原材料质量。鲁花集团对于原材料的要求之严，可谓超乎想象，不但是收购上来的花生要经过层层关口，而且还要对花生种植地进行考察，每个工厂都有 30 多个原料信息员常年跟踪花生的生长环境，除了对花生主产区给予指导种植，还要对花生的长势进行适时监控，确保优质原料进厂。

其次，诚信生产、严把生产关。在生产过程中，鲁花集团积极引进卓越绩效管理模式，持续改进，补齐短板，并对每一道工序都制定了严格的指标和操作规程。同时，每一道工序都把下一道工序当成顾客，"自检"与"互检"并重，建立起一套首尾相贯、环环相扣、相对封闭、连续回环的质量检测机制。从原料选择、工艺技术、质量控制、成品储存等各个环节的严格把关，到 5S 物理压榨工艺的全方位应用，整个过程拒绝化学溶剂残留，拒绝高温精炼，拒绝添加任何抗氧化剂，确保产品安全、营养、绿色、健康。但对于鲁花人来说，做到这些还远远不够，产品能否出厂，光看报表不行，还要通过亲口品尝。

鲁花集团所有的花生油在出厂之前，都要经过来自工艺、研发、品控、市场等核心部门负责人组成的品评小组成员的品尝和评审。现在鲁花集团在全国各地有15个油厂，每个油厂每个批次的油品在出厂前，除了本厂品评小组评审外，还必须将样品寄回到总部，经过总部的品尝和评审环节。在这一环节中，集团董事长、总裁及高层领导有时作为品评组成员，也会亲自参加。评审小组将重新检测产品品质与报表是否符合，品评合格方能出厂，而且这些样品还要由总部统一储存，直至这个批次的产品在市场上销售完毕，方能销毁。鲁花人用严格的生产把牢产品质量关，用实际的行动让消费者尝到浓香中国味。

三、践行诚信为本，主动公布调和油配方比

一直以来，调和油市场体量巨大，但我国目前尚未出台统一标准，使得整个调和油市场产品众多，但配方却不公开、不透明，消费者无法了解到调和油的油类配比和营养价值，只能通过广告宣传和自己的有限认知选购。比如，市场上所谓的花生调和油，花生油占比大多不超过10%，但商家为了谋取更大利益，却冠以花生调和油的名字，让消费者无法做出正确的选择。

俗话说"油掺油，神仙愁"。面对这种鱼目混珠的市场状况，鲁花是"随大流"呢？还是还消费者一个"明白"？鲁花集团的高层决策者们毅然决定：主动向社会公布调和油的配方比！让消费者明明白白消费的同时，自觉接受社会及消费者的监督，用实际行动诠释企业的诚信和责任内涵。为此，2015年年初，鲁花集团全新推出了菜籽食用调和油、大豆食用调和油和玉米食用调和油。消费者在选购鲁花新一代调和油产品时，均能在产品外包装正面看到"公布配方"标志，同时在产品外包装侧面，可以清楚看到产品所含油种及各油种所占比例。

鲁花集团公布调和油配方比后，立即引来了社会上、公司里、消费者以及竞争者的不同声音，有赞许的，有不理解的，也有无所谓的，更

有质疑的。而且市场的认同情况也不太乐观。对此，鲁花集团的总裁孙东伟有着清晰的判断，他说："做企业，一定要赚良心钱。老百姓的心里自有一杆秤，你只要一直站在消费者的立场上考虑问题，消费者总会感受到。即便消费者一时没有形成消费习惯，我们也要将诚信的、对的事情坚持下去。通过我们的诚信和品质，走进消费者的心里。"鲁花旗下所有调和油都要公布配方比，始终把消费者的利益放在首位，做一个讲诚信、有担当、负责任的民族企业。

因为工艺精、标准严，对产品质量的高度自信，鲁花集团"大门常打开"，每年都举办数次工厂开放日，欢迎来自社会各界的监督。

四、严格产品质量管理，将食品安全上升到"道德高度"

民以食为天。做食品企业，就是做良心事业。为了让消费者吃上绿色、安全、健康的食用油。首先，从食品安全管理体系抓起。按照质量、环境、食品安全、测量管理体系国际标准要求，结合集团公司的实际，鲁花集团建立了一套《管理手册》《程序控制文件》52个，制定《检验规程》39个，制定《车间工艺操作规程》26个，制定各工位的《作业标准指导书》146个，记录表格258份，有效保障了整个质量安全管理体系的有效运行，确保生产过程中主要的工艺参数处于受控状态。另外，集团公司每年组织的对各工厂的联检、内部审核，目的也是对管理体系进行梳理，了解管理现状，不断提升产品质量，持续提升集团公司的食品安全管理水平。其次，拉长产业链，从源头保证食品安全。目前，在我国花生良种的培育、繁殖得不到足够重视，没有相应的措施和机构监督实施和推广，农民自留自种现象严重，存在品种退化风险，同时还存在种植过程中滥用农药，存在农残超标的安全隐患。为了从源头保证花生油的质量安全，鲁花集团及时成立了种业公司，专门培育高产量、高油酸、高含油的花生良种进行普及，发展种植基地，推广无公害栽培技术。对全国的花生配套基地管理给予技术指导，形成从育种、栽培、管理、收购、运输、加工、销售全过程的质量控制，从源头上保证了产品质量的安全性。最后，狠抓过程控制，确保每道工序满足工艺要求。鲁花集团对各个加工工序制定了《工艺操作规程》，每个岗位都有《作业标准指导书》，上岗人员必须经过培训考核合格，而质量管理点除了有作业指导书以外，还有质量管理点的相关标准、记录表格，操作人员要把生产过程中的主要参数记录下来，通过对这些数据的分析，及时发现生产过程中的质量安全隐患，同时，各级管理者要定期对重点工序进行巡检，尤其是工厂分管领导、质检室主任、车间主任、班长和质检员，都要定期对重点工序进行巡检，并在巡检记录上签字确认，以便责任追溯。

五、借助央视高端媒体，不断提升品牌影响力

为了打造全国知名品牌，鲁花集团把中央电视台作为品牌宣传的旗舰。中央台的权威性、覆盖性、收视率都是业界任何媒体无法比拟的。几年前，鲁花从山东走向全国，首先选择知名度高、影响力大的北京市场作为突破口，借助中央电视台来加大品牌宣传力度。"滴滴鲁花，香飘万家"的广告语，通过《东方时空》传遍中国，鲁花一举成名。虽然如今鲁花的市场已经由北而南推向了上海、广州乃至全国各个省市，但广告的80%仍都投在央视。

鲁花在央视的投放并非平铺直叙的，而是抓住了央视最具代表性的媒介资源。如中央电视台是全球受众最多、最权威的媒体，其中《新闻联播》、《焦点访谈》是最受关注的节目，有非常高的收视率和观众覆盖面，可以称为"品牌的摇篮"，这正是鲁花绝好的平台。新闻联播、焦点访谈的黄金时段，CCTV黄金剧场，以及连续冠名"厨艺大赛"和"美味中国"，《东方时空》改版，电视剧《太平天国》第一次在片尾的植入式广告，新闻频道开播两年的随片广告，健康之路特约播映……鲁花捷足先登，抢尽先机，收获了十分显著的传播效果。在与中央电视台

的深度合作上，鲁花集团充分感受到了"相信朋友，相信品牌"，相互促进、相互信任的战略伙伴关系和情谊。

在品牌营销实践中，鲁花发现《新闻联播》、《焦点访谈》收视对象偏重男性，多为意见决策层，而执行层主要是女性，女性偏爱故事性很强的电视剧。为此，鲁花找准突破口，2006年第一次与中央电视台签订了全年CCTV黄金电视剧场贴片的广告长单，并指定了"倒二"位置。

冠名特殊资源赢得美誉。从世界传媒的发展趋势看，随着观众的细分化，一些实用性的栏目收视率呈增长的趋势，而精彩的"大赛"是集中的表现方式。鲁花看到了这一商机，从2001年开始，最早冠名播出央视"厨艺大赛"节目，而且鲁花年年冠名。"厨艺大赛"这种喜闻乐见的形式，深受老百姓的欢迎。收视调查显示，每当开播"厨艺大赛"，收视率都会提高45%~50%左右，这非常有效地满足了鲁花品牌传播的需求。

如今，鲁花从"厨艺大赛"的冠名赞助到"美味情缘对对碰"，再到鲁花"美味中国"的全方位冠名，都体现了鲁花对央视平台的重视。一方面，中央电视台栏目组十分重视与鲁花的合作，节目策划会和鲁花集团市场部的策划人员一起讨论，从观众角度出发，从细节入手，提高节目质量，充分体现了对客户的尊重；另一方面，从"家庭厨艺大赛"到"中国电视烹饪大赛"的活动过程本身，鲁花的产品不仅置入其中，理念也深深根植到节目当中，在潜移默化中影响了消费者。随着电视分众化的倾向，电视节目的细分已经成为各电视机构的方向。面对这种情况，鲁花在中央电视台的高端产品——新闻频道，对《新闻会客厅》、《国际观察》两档栏目连续两年定位赞助播映，随着节目收视的提高，鲁花的高端形象在食用油行业也凸显出来。"任何品牌的成长发展，都有其特定的历史条件和市场规律，但离开中央电视台就不可能成为全国性的成功品牌却是唯一规律。"从1998年起，鲁花率先在中央电视台推出了"滴滴鲁花，香飘万家"的品牌旗帜，如今"手掰花生"已成为鲁花的电视视觉符号。

山东登海种业股份有限公司
培育种业品牌之路

品牌是企业的命脉，是企业赖以生存的无形资产。加入WTO后，我国种业的竞争已从品种、质量、网络的竞争发展到品牌的竞争。而在种业市场激烈竞争中，登海种业依靠科技创新，不断强化创新引领作用，打造出了民族种业的名牌，探索出一条民族种业品牌发展之路，"登海"系列玉米品种为农民增收、农业增产，保障国家粮食安全，促进经济社会发展做出了重要贡献。

一、依靠科技创新，创立登海种业品牌

登海种业股份有限公司是李登海研究员创立的农业高科技上市公司，公司的发展始终贯穿着李登海推进种业科技创新的奋斗史。

1972年春，李登海获得一份我国农业专家1970年赴美国考察农业的考察报告，报告中介绍了美国的玉米育种情况，特别介绍了美国先锋公司总裁华莱士先生是一位农民，他创建了专业搞杂交玉米种子产业的美国先锋种子公司，并创出美国的玉米最高产量纪录每亩1255多公斤，这对李登海震动很大，当时本地的产量一般才在100~150公斤，最高也就是150多公斤，与美国比相差8~10倍。李登海想：美国农民

能办的事，我们中国农民也能办到；华莱士能开创美国的玉米高产道路，我也能开创中国的玉米高产道路。于是，他立志要把"开创中国玉米高产道路，赶超世界先进水平"作为自己人生奋斗目标。

当时，我国种植的玉米是平展型的品种，李登海经过8年的研究，发现平展型品种每亩产量最高只能达到650公斤，很难超过700公斤。他在我国率先选育紧凑型品种，1979年紧凑型玉米杂交种掖单2号、掖单3号首破700公斤大关，分别达到每亩产量776.9公斤和774.9公斤，突破了多年来平展型玉米杂交种难以超越的700公斤大关，实现了我国玉米高产历史性的突破，在全国玉米界引起巨大的震动，在我国首次展示了紧凑型玉米杂交种的高产潜力。1989年，李登海利用掖单13号创造了1096.29公斤/亩的世界夏玉米产量纪录。1990年农业部在莱州市召开全国玉米生产现场会，确定了"'八五'期间推广紧凑型玉米1亿亩，增产100亿公斤粮食"的国家重大项目。

没有高产潜力的品种，就不可能有高产攻关的突破。李登海玉米高产攻关的成果引领了我们国家玉米育种由平展型向紧凑型发展的大跨越。目前，紧凑型玉米品种种植面积约占全国种植面积的90%以上，紧凑型杂交玉米育种已成为我国杂交玉米育种的主流。同时，选育具有每亩产量超过1100公斤高产能力的品种，主要靠紧凑型育种的不断完善来实现。通过高产攻关的实践，李登海证明了利用紧凑型玉米是提高我国玉米产量的有效途径，确立了紧凑型玉米杂交种是我国杂交玉米高产品种选育的方向，促进了我国杂交玉米高产品种选育的升级发展，推动了我国杂交玉米育种的科技进步。

2011年《国务院关于加快推进现代农作物种业发展的意见》明确提出，"紧凑型玉米品种对提高农业综合生产能力、保障农产品有效供给和促进农民增收作出了重要贡献。"对紧凑型杂交玉米给予充分肯定和高度评价，并将紧凑型玉米确定为改革开放以来突破性优良品种。

40多年来，李登海先后主持育成通过审定的紧凑型玉米杂交种90多个。利用自主创新的紧凑型玉米杂交种，他先后7次创造全国夏玉米产量纪录，2次创造世界夏玉米产量纪录，被誉为"中国紧凑型杂交玉米之父"。2014年被评为"中国种业十大功勋人物"，2015年被中宣部授予"时代楷模"荣誉称号。①

2006年，"登海"商标被国家工商总局认定为"中国驰名商标"。②注册商标与公司创始人李登海的名字紧密相连，并以自己的名誉为公司品牌背书，既体现了对公司发展的信心，又体现了创始人科技创新、勇攀高峰的决心。没有科技创新，就没有登海种业的快速发展，科技创新之路，就是公司塑造种业名牌之路。

依靠科技创新，着力推进"品牌"建设，使登海种业走上了高速发展的快车道。1985年，李登海在无试验地、无资金、无科技助手、无办公场所的艰苦条件下，自筹资金2万元，在我国率先成立了第一个集杂交玉米科研、生产、推广、销售一体化的产业化民营科研单位——"后邓试验站"，比农业部1995年提出的育繁推一体化的改革要求提前了10年。建站初期，李登海确立了"不向国家伸手，不向集体要钱，自负盈亏搞科研，以科研养科研，把科研成果贡献给国家，在农业科研种子推广体制改革方面闯出一条改革的路子来"的工作思路，立足科研创新发展，依靠创新选育出的高产品种所获取的利润而不断发展壮大。1987年发展成立掖县玉米研究所，1993年成立莱州市农业科学院，1998年发展成立莱州市登海种业（集团）有限公司，2000年经省政府批准，改制成立山东登海种业股份有限公司。2002年10月，公司与世界著名的种子公司——美国杜邦先锋公司合资成立了山东登海先锋种业有限公司，该公司是我国《种子法》实施后第一家由中方控股的中外合资种子企业。2005年4月，登海种业在深圳证券交易所中小企业板成功上市。

---

① 资料来源：作者调研整理。
② 资料来源：2006年工商总局公布的驰名商标品牌，中央政府门户网站，2007年1月20日。

上市11年来归属于公司股东的净利润平均增速达到15%。目前，公司注册资本8.8亿元，总资产42亿元，拥有20个子公司（包括全资子公司和控股子公司），员工超过1000多人，2015年实现销售收入15.31亿元，连续3年实现净利润位于种业上市公司前列，公司总市值达到130多亿元。李登海自主创新的紧凑型玉米高产新品种累计推广面积12亿多亩，为国家增加经济效益1200多亿元。①

从2万元起家，发展到42亿元资产的规模，依靠的是自己的自主创新能力和自己具有市场竞争力的科研成果，李登海深有体会地说："没有创新，就没有登海种业"。

二、强化科技创新，不断提升登海种业品牌价值

品种，是品牌竞争的关键。没有好的品种，品牌建设无从谈起。不断提高自主创新能力，是民族种业推进品牌建设、培育持续竞争优势的必然要求。要成为一个保证国家粮食安全与食物安全的民族种业，必须具有世界一流的创新能力。多年来，登海种业通过科技创新，不断提高着品种优势和核心竞争力。

一是着力打造国内一流的创新团队。登海种业凝聚了一批国内外高层次专家，拥有全国最大的玉米育种技术团队。目前，公司共有科技人员111名，中高级职称人员68名，16位具有研究员职称，9名国务院特殊津贴获得者和省有突出贡献的中青年专家，7名人才入选山东省科技人才库，泰山学者特聘专家1名，泰山产业领军人才1名。李登海研究员获"中国种业功勋人物""时代楷模"称号，杨今胜被评为"泰山产业领军人才"。同时，形成了"三层一带"高效运行机制，即由专家、教授组成高层次技术决策层；由专业骨干组成实施层；由经过严格技术培训的熟练科研助手组成操作层；由基层部门技术人员组成生产试

---

① 资料来源：作者调研整理。

验开发带。"玉米遗传育种与栽培技术岗位"被山东省人民政府确定为泰山学者岗位;"玉米育种与栽培技术创新团队"被山东省人民政府确定为山东省优秀创新团队;"超级玉米育种团队"被科技部评选为"国家科技计划执行优秀团队"。为激发人才创新动力,2014 年登海种业克服思维定式,将试验站全部改造成子公司,科研骨干持有子公司股份,他们的身份变成了企业所有者。

二是重点构建完善的研发创新平台。公司注重企业科研中心、技术中心等创新平台建设,每年将销售收入的 5% 以上投入到科研中心。公司拥有 6 个国家级、2 个省级研发平台,并联合全国 33 家单位,发起成立了"国家玉米产业技术创新战略联盟",形成全国最大的玉米科技研发创新平台。同时,依托在全国各地的试验站和子公司,建设了标准化测试网点 200 多处;公司生产设施完备,实验室仪器设备齐全。近年来,公司投入了 1500 多万元购买了单倍体籽粒自动选择核磁共振仪、玉米育种数据管理系统、自动考种设备、小区播种机、小区收割机等国内外先进仪器设备,用于商业化育种技术体系的建设,并借鉴国际种子大企业的做法和经验,在海南强化投资建设了育种基地,在青岛投建登海种业的研发中心和筹建重点实验室,在莱州建设了高标准的种质资源库,并以最快的速度、最先进的方法进行原始创新,进一步提升登海种业的研发创新能力和核心竞争力。

三是不断进行技术创新。在育种技术方面,积极开展了单倍体育种、分子标记辅助育种等现代生物育种技术手段,结合玉米常规育种手段,大幅度提高玉米育种效率;特别是在单倍体育种方面,从美国和中国农业大学引进高诱导率的单倍体诱导系,利用磁共振单倍体检粒仪,加快了单双倍体育种速度,研究了玉米单倍体化学加倍技术,建立以双单倍体为主的自交系选育体系。在高产栽培方面,连续不断地进行了 44 年玉米高产攻关研究,不断进行高产栽培技术的创新,在每亩产量 100~150 公斤的基础上,先后突破并创造了每亩产量 500 公斤、600 公斤、750 公斤、900 公斤、1000 公斤、1090 公斤、1400 公斤的夏玉米高产纪录。① 集成创新了高产高效玉米栽培技术体系，通过培创高产攻关田进行验证和示范，形成高产高效玉米生产技术规程；进行规模化、标准化、精简化、机械化技术优化与集成，实现玉米高产高效大面积生产。在种子加工方面，研究了高产玉米新品种的种子干燥、脱粒、包衣和包装技术，制定了5个完善的种子加工操作规程，构建了完善的玉米种子精细加工技术体系。建设了亚洲最大的玉米种子加工厂，这些种子加工设备和操作规程使种子加工质量达到国际先进水平。在品种推广方面，为了适应新型农业经营主体的不断发展，研究了面向家庭农场、专业大户、专业合作社的种业营销服务模式。开发专门用于种子防伪的数据库管理软件，使标签数据、销售点数据、产品库存状态、产品物流方向以及热线电话建立起有机的联系，对每个产品小包装所有信息进行全面跟踪与管理。建立种子全程试验推广服务体系，成立了一支能够在玉米生长进行全程服务的农业推广队伍和由农学、植保等专家组成的技术支持队伍。开通技术咨询热线，在玉米生产全过程中提供解决方案。

三、坚持科技创新，让"登海品牌"更放光彩

科技创新是"登海品牌"的灵魂。李登海带领科研团队始终以只争朝夕的精神进行着科技创新。从1978年开始至今，李登海团队选育成功了具有不同高产能力水平的5代紧凑型高产玉米品种，期间经过43年121代的选育，仅进行原始创新的自交套袋和组配的测交套袋数量至少有6000万个以上，相继育出了亩产700~1500公斤的5代紧凑型玉米系列高产新品种，将紧凑型高产品种的生产能力较平展型玉米每亩产量不到700公斤的生产能力提高了一倍以上，实现了我国主要农作物高产能力最大幅度的提升。

每代品种的选育提升，都是通过攻克了一个个难关，解决了一个个

---

① 资料来源：作者调研整理。

难题，经过刻苦钻研，不断创新来实现的。而通过创新获得的每一个科研成果的推广，都承载着登海种业品牌的力量。

"掖单2号""掖单3号"是李登海团队选育的第1代紧凑型玉米杂交种，在我国首次突破了每亩产量750公斤。

"掖单6号""掖单7号"是李登海团队选育的第2代紧凑型玉米高产品种，每亩产量突破了800公斤、900公斤。

"掖单12号""掖单13号"是李登海团队选育的第3代紧凑型玉米高产品种，每亩产量突破了1000公斤，最高达到1096.29公斤。

"登海661""登海662""登海605"是李登海团队选育的第4代紧凑型玉米高产品种，每亩产量分别突破1100公斤和1400公斤。

"登海618"是李登海团队选育的第5代紧凑型玉米高产品种，春玉米每亩产量突破了1500公斤。[①]

发达富强的国家都是把玉米作为主要作物进行种植。发展玉米生产是富强国家所必需的，如果说小麦、水稻解决了人们吃饭的问题，那么玉米解决的是人们吃肉、油、蛋、奶以提高饮食质量的吃好问题，可以说进行玉米高产攻关和高产品种选育，对确保粮食安全以及对人多地少的中国人民生活水平的改善和提高，都具有重要的意义。李登海带领科研团队在推进我国玉米产量实现稳产高产方面作出了重大贡献。

---

① 资料来源：作者调研整理。

第二篇
山东省企业创出的著名品牌

山东省企业经过长期坚持不懈的努力,特别是改革开放以来不断解放思想,自觉遵循自然规律和经济规律,探索品牌建设之路,创出了一大批山东名牌、中国名牌和著名世界品牌,带动着资源的高效配置,推动着产业转型升级,增强了在国际市场的竞争力,为山东经济和中国经济的快速持续发展作出了积极贡献。

随着社会主义市场经济体制的建立，特别是社会主义市场体系的逐步完善，山东企业自觉融入市场竞争环境，并贯彻省委、省政府提出"要深入实施质量强省及名牌战略，加强企业标准、计量和质量管理，实现由'山东制造'向'山东创造''山东设计''山东标准'的转变"要求，在市场环境中变竞争压力为发展动力，打造出一批又一批在国内外市场有竞争优势的企业，创出了一大批国内外名牌，带动着由"山东制造"向"山东创造""山东智造""山东设计""山东标准"的转变，由"低端品牌"向"中高端品牌"的转变，由"山东品牌"向"中国品牌""世界品牌"的转变，有力地促进了山东由经济大省向经济强省的转变。

培育出的著名世界品牌

对企业品牌在世界品牌中的排名，主要由世界品牌实验室发布。世界品牌实验室是全球领先的品牌咨询、研究和测评机构。其研究成果已经成为许多企业并购过程中无形资产评估的重要依据。自2003年起，世界品牌实验室开始对世界50个国家的4万多个主流品牌进行跟踪研究，并建立了最大的世界品牌数据库，连续十几年发布的《世界品牌500强》排行榜，其评判的依据是品牌的世界影响力，体现在品牌开拓市场、占领市场并获得利润的能力，并通过市场占有率、品牌忠诚度和全球领导力来反映。世界品牌实验室对全球数千个知名品牌进行分析与评价，最终推出世界最具影响力的500个品牌。

世界品牌实验室公布的2015年度《世界品牌500强》排行榜，中国大陆入选的品牌共有31个，其中山东有海尔、青啤2个，如表2-1所示。

表2-1 世界品牌实验室2010~2015年世界品牌500强中国企业数据

项目＼年份	2010	2011	2012	2013	2014	2015
中国企业数量	17	21	23	25	29	31
山东企业数量	2	2	2	2	2	2

2016年《世界品牌500强》排行榜入选国家共计28个。从品牌数量的国家分布看，美国占据500强中的227位，英国、法国均以41个品牌入选，日本、中国、德国、瑞士和意大利分别有37个、36个、26个、19个和17个品牌入选。年度新上榜的品牌有27个，这些品牌分散于各个行业。其中，有16个品牌来自美国，5个品牌来自中国，其余少数品牌来自于英国、德国和印度等。在中国入选的36个品牌中，入围百强的品牌有国家电网、工商银行、腾讯、CCTV、海尔、中国移动、华为、联想。其中，海尔品牌入围世界百强品牌，反映出山东企业创出了世界著名品牌，并在世界品牌中占有重要的位置，并具有国际市场影响力和竞争力。

培育出的中国名牌

改革开放后尤其是近些年来，山东省一直高度重视品牌建设工作。在农业、制造业、建筑业和服务业等产业和领域形成了一批国内知名品牌，打造了"好客山东""好品山东""厚道鲁商"等公共品牌，并且已拥有中国质量奖1个，中国质量奖提名奖4个。现已建设全国知名品牌创建示范区6个，与广东省并列第一；国家商标战略实施示范城市3个，中国驰名商标661件；中华老字号66家，数量位居全国前列；创出山东"三珍"（阿胶、海带、胶东参）品牌，树立了"鲁商、鲁企、鲁货"的品牌形象。

一、在农业领域

山东已建成国家级农业标准化示范县 14 个，出口农产品质量安全示范县 32 个，入选"中国农产品区域公用品牌百强"33 个，认定无公害农产品、有机农产品、绿色食品和农产品地理标志等"三品一标"品牌 6169 个；国家级水产原良种场发展到 13 家，居全国之首；创建全国现代渔业种业示范场 11 家，居全国第二。"章丘大葱""寿光蔬菜""沾化冬枣""菏泽牡丹"等农产品已享誉全国。

二、在制造业领域

山东省已有 271 个国家知名产品，位居全国第 3 位，涌现出了以海尔、青啤、海信、潍柴、浪潮、重汽等为代表的一大批驰名中外的名牌产品和品牌企业。

三、在建筑业领域

2014 年中国建筑业协会共评出鲁班奖工程 96 项，山东省建筑施工企业共获得鲁班奖 5 项，中直及省外企业在山东省施工项目获得鲁班奖 3 项，全省累计获得鲁班奖工程 8 项。

四、在服务业领域

现有中华老字号 66 家，数量位居全国前列；5A 级景区 9 家，4A 级景区 186 家，省级以上旅游度假区 41 家。

为进一步培育形成新的产业竞争优势，山东省组织 66 家企业参与了国家的品牌价值评价。经测算，山东省参评企业的品牌总价值达 2171.4 亿元，平均价值为 32.9 亿元（见表 2-2）。其中，青岛海尔品牌价值最高，达 647 亿元，魏桥创业 214.15 亿元，烟台张裕 208.70 亿元。通过大力培育品牌企业，发挥标杆企业的示范引领作用，企业对品牌的认知度和品牌价值的自我保护意识不断增强，并把品牌作为获得竞争优势的突破口，品牌在质量竞争中的作用愈加突出。

表2-2　　2012~2014年山东省品牌价值测算结果（50亿元以上）

序号	公司名称	品牌测算值（亿元）
1	海尔集团公司	647.01
2	山东魏桥创业集团有限公司	214.15
3	烟台张裕葡萄酿酒股份有限公司	208.70
4	青岛啤酒股份有限公司	164.04
5	青岛海信电器股份有限公司	112.53
6	威高集团有限公司	83.56
7	山东东阿阿胶股份有限公司	63.01
8	西王集团有限公司	54.39
9	鲁泰纺织股份有限公司	50.58

由世界品牌实验室（World Brand Lab）发布的2016年（第十三届）《中国500最具价值品牌》分析报告，是基于财务、消费者行为和品牌强度的监测形成的报告，作为家电行业的海尔品牌以2218.65亿元的品牌价值占据榜单前5名（海尔曾获2004年（第一届）中国500最具价值品牌年度第1名，品牌价值为612.37亿元），排在国家电网、腾讯、工商银行、中国人寿之后，不仅是国家级品牌，还迈进了世界级品牌阵营。还应看到，2016年"中国500最具价值品牌"的总价值为132696.3亿元，比2015年增加24564.74亿元，增幅为22.72%。而2004年入选门槛仅为5亿元，前500名品牌的平均价值为49.43亿元；到了2016年入选门槛已提高到22.65亿元，前500名品牌的平均价值高达265.39亿元，增幅为436.9%。

从2016年中国500最具价值品牌的区域分布看，山东是位于前10名的省，位居第三，排在北京、广东之后。北京品牌数为105个，占中国最具价值品牌500强的21%；广东品牌数为79个，占中国最具价值品牌500强的15.8%；山东品牌数为42个（见表2-3），占中国最具价值品牌500强的8.4%。与2015年相比，入选前三的省市地区排名没有变化。2015年，在入选中国500最具价值品牌中，北京入选品牌数为94个，广东为80个，山东为42个，北京、广东和山东分别位居第一、第二、第三位，如表2-3所示。

表2-3　　山东入选2016年中国500最具价值品牌名单

品牌名称	品牌拥有机构	品牌价值（亿元）
海尔	海尔集团	2218.65
青岛啤酒	青岛啤酒股份有限公司	1168.75
魏桥	山东魏桥创业集团有限公司	431.76
雷沃	雷沃重工股份有限公司	405.18
海信	海信集团有限公司	311.96
山东航空	山东航空股份有限公司	285.28
招金	山东招金集团有限公司	282.56
双星轮胎	双星集团有限责任公司	256.18
玲珑	玲珑集团有限公司	253.28
澳柯玛	澳柯玛股份有限公司	234.58
潍柴动力	潍柴控股集团有限公司	233.88
山东高速	山东高速集团有限公司	221.75
山东临工	山东临工工程机械有限公司	198.67
中国重汽	中国重型汽车集团有限公司	191.36
崂山啤酒	青岛啤酒股份有限公司	155.76
兖矿集团	兖矿集团有限公司	149.42
东阿阿胶	东阿阿胶股份有限公司	142.16
鲁花	山东鲁花集团有限公司	142.05
将军	山东中烟工业有限责任公司	126.73
交运	交运集团公司	120.15
张裕	烟台张裕葡萄酿酒股份有限公司	115.36

续表

品牌名称	品牌拥有机构	品牌价值（亿元）
海化	山东海化集团有限公司	114.64
九阳	九阳股份有限公司	106.83
金锣	临沂新程金锣肉制品集团有限公司	105.68
齐鲁晚报	山东大众报业集团	85.96
SJONO世纪缘	山东世纪缘珍宝首饰有限公司	70.86
浪潮	浪潮集团有限公司	70.54
半岛都市报	山东大众报业集团	66.59
哈德门	山东中烟工业有限责任公司	61.32
山花	威海市山花地毯集团有限公司	50.58
崂山	青岛崂山矿泉水有限公司	48.76
青岛啤酒博物馆	青岛啤酒文化传播有限公司	45.58
孚日	孚日集团股份有限公司	44.62
龙大	龙大食品集团有限公司	42.58
中通	中通客车控股股份有限公司	42.53
威龙	威龙葡萄酒股份有限公司	42.45
圣元	圣元营养食品有限公司	42.36
金太阳	山东太阳纸业股份有限公司	41.65
晨鸣	山东晨鸣纸业集团股份有限公司	40.84
山推	山推工程机械股份有限公司	40.28
金号	山东金号织业有限公司	35.51
喜盈门	青岛喜盈门集团有限公司	30.68

上述可见，中国最具价值品牌500强多集中在我国东部区域，反映出我国东部区域的竞争实力，区域比较优势明显。山东品牌数占中国最具价值品牌500强的8.4%，也反映出山东是一个品牌大省。

从2016年中国500最具价值品牌的行业分布看，前10名行业依次为食品饮料、轻工、建材、传媒、纺织服装、汽车、医药、金融、机械和化工。在食品饮料的前 3 名品牌中，有山东的青岛啤酒；在纺织服装的前 3 名品牌中，有山东的魏桥。这表明，山东不仅在家电行业具有品牌优势，而且在食品饮料、纺织服装行业也具有品牌优势。

培育出的山东名牌

经过长期的发展特别是改革开放以来的积极培育，山东企业不仅打造出著名世界品牌、一大批中国品牌，而且形成了一批形象突出、科技含量高、具有鲜明齐鲁文化内涵、国内外知名度和美誉度高的"山东名牌"，打造出具有山东特色的品牌体系。名牌标杆的示范引领作用不断增强，在推动山东质量品牌建设和供给侧结构性改革中发挥了应有的作用。

山东省已评选出山东省省长质量奖组织 45 个，获奖个人 25 人；山东省省长质量奖提名奖组织 41 个，提名奖个人 17 人。省长质量奖有力地增强了各级政府、生产经营单位和社会各界的质量意识、品牌意识，也成为全省质量工作开展的有力抓手，强有力地推动了全省的质量、标准和品牌建设，有效推动了质量强省战略的实施，不断提升了全省的质量管理水平。

截至 2014 年全省商标注册申请量和注册量大幅增长，商标总数突破 40 万件；新增商标国际注册申请 820 件，同比增长 2.5 倍，列全国第一；国家地理标志商标 395 件，均居全国首位。同时，拥有国家商标战略实施示范城市 3 个，除拥有中国驰名商标 661 件外，还拥有省著名商标 2821 件。

截至 2016 年底，山东省共培育认定山东名牌产品 1784 个，山东省服务名牌 352 个，山东省优质产品生产基地 51 个。全省重点培育的国际自主品牌 252 个；当前认定首批"山东省重点培育和发展的出口名牌" 49 个，目前获全省建筑工程鲁班奖项目有 151 项。

以"好客山东"这一母品牌为统领，以全省 17 市城市旅游目的地的旅游形象为支撑,打造出"山东三珍""贺年会""休闲会""山东客栈""鲁菜馆""山东十大旅游目的地品牌"等产品品牌、节事品牌、城市品牌、要素品牌等众多子品牌在内的"好客山东"旅游品牌体系。有 A 级旅游景区 783 家,省级以上旅游度假区 41 家,省级旅游强乡镇 381 个,省级旅游特色村 639 个。

现已认定无公害农产品、绿色食品、有机农产品和农产品地理标志等"三品一标"品牌 6169 个;认定无公害水产品产地 693 个,产品 1425 个;打造出"胶东刺参""质量保障联盟区品牌"和"好客山东渔夫垂钓"海钓旅游品牌。

特别是近年来山东名牌工作贯彻落实"创新、协调、绿色、开放、共享"的发展理念,实施高端高质高效发展战略,引导企业以市场需求为导向,提高创新能力和创新成果转化能力,连续培育出一批又一批的山东名牌产品,适应了制造业绿色化、网络化、融合化、服务化的新趋势,实现了转型升级,培育出一批新材料、新能源、节能减排、环保机械及设备、工业机器人及智能装备、应用软件及电子信息技术等名牌产品,打造出供给侧竞争新优势,开拓出消费新领域。

山东省评选出的 2015 年、2016 年度的山东名牌产品如表 2 – 4、表 2 – 5、表 2 – 6 所示。

表 2 – 4   2015 年度山东名牌产品

序号	行政区划	单位名称	产品名称	品牌
1	济南市	济南二机床集团有限公司	铸造机械	JIER
2	潍坊市	山东矿机集团股份有限公司	工业机器人	CSK
3	威海市	威海信诺威电子设备有限公司	搬运机器人	SINOWILL
4	青岛市	青岛华东工程机械有限公司	数控精密重载专用机械手	华东

续表

序号	行政区划	单位名称	产品名称	品牌
5	潍坊市	潍坊西水机器人科技有限公司	工业机器人	西水
6	青岛市	南车四方车辆有限公司	公铁车	中国中车
7	青岛市	南车四方车辆有限公司	SDB-160型转向架	中国中车
8	德州市	山东智衡减振科技股份有限公司	动车组轴箱弹簧	刚柔特
9	聊城市	山东天海科技股份有限公司	新能源汽车总线控制系统	时龙
10	临沂市	临沂市龙立电子有限公司	新能源汽车交直流充电及高压大电流连接器、高压线束总成	龙立
11	日照市	海汇集团有限公司	袋式除尘器	海汇
12	临沂市	山东山大华特科技股份有限公司	二氧化氯消毒剂发生器	华特
13	济南市	山东环冠科技有限公司	专用设备制造（环境保护专用设备）	环冠
14	青岛市	青岛双星环保设备有限公司	FD系列除尘器	双星
15	泰安市	山东中玻节能环保发展有限公司	玻璃钢烟气净化装置	ZHONGBOSUO
16	青岛市	青岛华世洁环保科技有限公司	华世洁牌大气污染防治设备	华世洁牌
17	潍坊市	潍坊爱普环保设备有限公司	袋式除尘器	爱普牌
18	青岛市	青岛海西重机有限责任公司	自升式海工平台	海西重机
19	烟台市	烟台杰瑞石油服务集团股份有限公司	压裂成套设备	jereh

续表

序号	行政区划	单位名称	产品名称	品牌
20	潍坊市	山东墨龙石油机械股份有限公司	油井管	墨龙
21	烟台市	烟台杰瑞石油服务集团股份有限公司	连续油管作业设备	jereh
22	烟台市	烟台杰瑞石油服务集团股份有限公司	液氮泵送设备	jereh
23	烟台市	烟台杰瑞石油服务集团股份有限公司	固井成套设备	jereh
24	德州市	德州联合石油机械有限公司	螺杆钻具	DT 牌
25	潍坊市	山东墨龙石油机械股份有限公司	抽油机	墨龙
26	潍坊市	山东墨龙石油机械股份有限公司	气瓶管	墨龙
27	潍坊市	山东荣利中石油机械有限公司	石油钻机	荣利 RONGLI
28	东营市	东营威玛石油钻具有限公司	石油钻杆	WEIMA
29	枣庄市	山东能源重装集团鲁南装备制造有限公司	刮板输送机	建能
30	潍坊市	山东天瑞重工有限公司	隧道掘进及采矿用钻机	TR 智瑞重工
31	济宁市	兖州东方机电有限公司	矿用防爆提升机电控及防跑车控制装置	东方机电
32	泰安市	山东泰山天盾矿山机械股份有限公司	矿井提升机 AFE 回馈式四象限电控系统	泰山天盾 Taishan Taidun Mining Machinery
33	烟台市	烟台兴业机械股份有限公司	地下铲运机	XWD 兴旺达

续表

序号	行政区划	单位名称	产品名称	品牌
34	烟台市	山东中际电工装备股份有限公司	直流变频电机绕组直绕数控成套设备	
35	烟台市	山东中际电工装备股份有限公司	"节能电机"定子绕组高速自动生产线	
36	烟台市	山东中际电工装备股份有限公司	新能源汽车发电机定子绕组柔性制造生产线	
37	烟台市	山东中际电工装备股份有限公司	立式多轴高效定子绕线机	
38	济南市	山东银鹰炊事机械有限公司	馒头机	银鹰
39	济南市	山东银鹰炊事机械有限公司	蔬菜切碎机	银鹰
40	日照市	山东海汇环保设备有限公司	带式输送机	海汇
41	济南市	山东大汉建设机械有限公司	施工升降机	大汉
42	济南市	济南华北升降平台制造有限公司	剪叉式升降台	天梯
43	德州市	山东富士制御电梯有限公司	乘客电梯	FJZY
44	济南市	山东百斯特电梯有限公司	电梯	Bester
45	济宁市	山东永华机械有限公司	加工中心	YONGHUA
46	聊城市	山东天工岩土工程设备有限公司	盾构机切削刀具	天工
47	枣庄市	滕州市三合机械股份有限公司	卧式带锯床	TTMC
48	威海市	威海威硬工具股份有限公司	高精度金刚石复合刀具	威硬
49	济南市	济南星辉数控机械科技有限公司	五轴联动非金属切削加工中心	EXCITECH（星辉数控）
50	济宁市	鲁能泰山曲阜电缆有限公司	光缆	鼓楼

续表

序号	行政区划	单位名称	产品名称	品牌
51	聊城市	山东太平洋光纤光缆有限公司	光纤	SPFO
52	烟台市	烟台北方安德利果汁股份有限公司	浓缩果汁	安德利 ANDRE
53	东营市	山东绿洲醇食品有限公司	饮料（果蔬汁饮料）	鹤宝
54	烟台市	绿杰股份有限公司	发酵型苹果醋饮料	绿杰
55	菏泽市	菏泽巨鑫源食品有限公司	康爱草芦笋发酵汁	康爱草
56	莱芜市	鲁中汇源食品饮料有限公司	汇源果蔬汁及果蔬汁饮料	汇源
57	烟台市	烟台张裕葡萄酿酒股份有限公司	葡萄酒	张裕
58	青岛市	青岛华东葡萄酿酒有限公司	葡萄酒	华东
59	烟台市	烟台南山庄园葡萄酒有限公司	干红、干白葡萄酒	南山庄园
60	青岛市	青岛卓维浓酒业有限公司	葡萄酒	卓维浓
61	烟台市	威龙葡萄酒股份有限公司	葡萄酒	威龙
62	枣庄市	汉诺联合集团汉诺葡萄酒有限公司	葡萄酒	汉诺庄园
63	烟台市	中粮君顶酒庄有限公司	葡萄酒	君顶
64	烟台市	蓬莱酒业有限公司	葡萄酒	蓬莱酒
65	烟台市	烟台时代葡萄酒有限公司	葡萄酒	金色时代 JINSE SHIDAI
66	青岛市	青岛东生集团股份有限公司	烘焙花生	汇生园
67	临沂市	临沂市康发食品饮料有限公司	水果罐头	康发
68	临沂市	临沂市康发食品饮料有限公司	蔬菜罐头	康发

续表

序号	行政区划	单位名称	产品名称	品牌
69	青岛市	青岛佳德食品股份有限公司	烤咸干花生果	JL（佳乐）
70	青岛市	青岛柏兰集团有限公司	炒货食品及坚果制品（烘烤芝麻）	柏兰
71	青岛市	青岛众地坚果食品有限公司	果炒坚货食品	众地
72	泰安市	泰安泰山亚细亚食品有限公司	速冻有机蔬菜	九洲丰园
73	青岛市	青岛老三东食品股份有限公司	铁锅花生	老三东
74	菏泽市	菏泽巨鑫源食品有限公司	康爱草黄桃罐头	康爱草
75	枣庄市	山东莺歌食品有限公司	花生酱	莺歌
76	烟台市	朗源股份有限公司	水果干制品	朗源
77	德州市	山东鲁丰食品科技股份有限公司	辣椒	本元斋
78	济宁市	泗水县锦川花生食品有限公司	烘烤花生仁	锦川
79	青岛市	山东新希望六和集团有限公司	禽肉熟制品	六和牌
80	烟台市	烟台市喜旺食品有限公司	畜、禽肉熟制品（A. 酱卤肉制品、B. 熏烧烤肉制品、C. 熏煮香肠火腿制品）	喜旺
81	青岛市	青岛康大食品有限公司	兔肉制品	康大
82	潍坊市	山东得利斯食品股份有限公司	畜、禽肉熟制品	得利斯
83	潍坊市	诸城外贸有限责任公司	禽肉熟制品	россия
84	潍坊市	山东鲁丰集团有限公司	禽肉熟制品	鲁丰
85	聊城市	山东凤祥股份有限公司	熏烤禽肉制品	凤祥
86	济宁市	兖州市绿源食品有限公司	酱鸭	樱源

续表

序号	行政区划	单位名称	产品名称	品牌
87	潍坊市	山东佳士博食品有限公司	畜、禽肉熟制品	佳士博
88	德州市	山东德州扒鸡股份有限公司	扒鸡系列制品	华一
89	青岛市	青岛正大有限公司	禽肉熟制品	正大
90	威海市	山东好当家海洋发展股份有限公司	干海参	
91	威海市	山东好当家海洋发展股份有限公司	冷冻即食刺参	
92	威海市	山东海之宝海洋科技有限公司	纯鲜海藻面	海芝宝
93	威海市	山东鸿洋神水产科技有限公司	熟干海带	鸿洋神
94	烟台市	山东东方海洋科技股份有限公司	干海参	东方海洋
95	日照市	山东美佳集团有限公司	速冻海参	美加佳
96	威海市	山东俚岛海洋科技有限公司	即食海带	食藻宝
97	青岛市	青岛春明调味品有限公司	海带丝	春明伟业
98	威海市	威海市宇王集团有限公司	即食海参	宇王
99	威海市	荣成宏伟食品有限公司	即食海参	海宝三鲜
100	威海市	威海市宇王集团有限公司	盐渍海带	宇王
101	青岛市	青岛海康水产发展有限公司	海参	月亮湾
102	聊城市	东阿阿胶股份有限公司	复方阿胶浆	
103	聊城市	东阿阿胶股份有限公司	阿胶	
104	聊城市	东阿阿胶股份有限公司	阿胶速溶粉	

续表

序号	行政区划	单位名称	产品名称	品牌
105	聊城市	东阿阿胶股份有限公司	阿胶元浆	
106	聊城市	山东东阿阿胶保健品有限公司	阿胶糕	
107	济南市	山东福胶东阿镇阿胶有限公司	阿胶	福牌、东阿镇牌
108	济宁市	山东圣阳电源股份有限公司	新能源汽车用铅酸蓄电池	圣阳
109	枣庄市	山东瑞宇蓄电池有限公司	起动用铅酸蓄电池	瑞宇
110	淄博市	淄博正大电源有限公司	镍氢动力电池	zhengda
111	青岛市	青岛吉之美商用设备有限公司	步进式电开水器	吉之美
112	滨州市	金刚新材料股份有限公司	石油压裂支撑剂（特种陶瓷）	金刚陶力
113	德州市	山东奥福环保科技股份有限公司	大尺寸蜂窝陶瓷载体	奥福
114	烟台市	烟台核晶陶瓷新材料有限公司	太阳能多晶硅用熔融石英陶瓷坩埚	核晶 HEJING
115	潍坊市	山东同大海岛新材料股份有限公司	合成革	同大 TITAN
116	东营市	山东陆宇塑胶工业有限公司	塑料管材管件（给水用硬聚氯乙烯管材）	陆宇
117	东营市	山东陆宇塑胶工业有限公司	塑料管材管件（给水用聚乙烯管材）	陆宇
118	济宁市	山东东宏管业股份有限公司	给水用聚乙烯（PE）管材	东宏
119	东营市	胜利油田孚瑞特石油装备有限责任公司	塑料管材（给水用聚乙烯（PE）管材）	胜工
120	淄博市	蓝帆医疗股份有限公司	一次性聚氯乙烯检查手套	蓝帆

续表

序号	行政区划	单位名称	产品名称	品牌
121	泰安市	泰安路德工程材料有限公司	塑料土工格栅	路德
122	烟台市	山东金潮新型建材有限公司	无规共聚聚丙烯（PP-R）管材、管件	金潮
123	临沂市	山东力扬塑业有限公司	塑料板（塑料托盘）	Liyang力扬
124	日照市	山东博大管业有限公司	聚乙烯管材	博源
125	烟台市	山东金锋人造皮革有限公司	聚氨酯合成革	金锋
126	烟台市	山东金锋人造皮革有限公司	聚氨酯湿法人造革	金锋
127	泰安市	山东欧恺制管有限公司	给水用聚乙烯（PE）管材	欧凯
128	淄博市	山东博拓塑业股份有限公司	硬质聚氯乙烯低发泡板材	博拓
129	烟台市	龙口市南山塑钢建材有限公司	冷热水用聚丙烯管材	NANSHAN
130	莱芜市	莱芜丰田节水器材有限公司	内镶压力补偿式滴灌管	惠泽
131	济宁市	山东霞光实业有限公司	木质门	霞光
132	菏泽市	山东省曹普工艺有限公司	实木家具	曹普（CAOPU）
133	潍坊市	山东新郎欧美尔家居置业有限公司	木质家具	欧美尔
134	枣庄市	山东鑫迪家居装饰有限公司	实木复合门	鑫迪家美
135	青岛市	青岛一木集团有限责任公司	金菱牌木制家具	一木金菱
136	临沂市	山东立晨集团有限公司	木门、橱柜	立晨
137	潍坊市	山东汇源建材集团有限公司	木质门	汇源

续表

序号	行政区划	单位名称	产品名称	品牌
138	菏泽市	山东菏泽红旗家具制造有限公司	木制家具	星诚园
139	淄博市	淄博万家园木质防火制品有限公司	木质门	万家园
140	菏泽市	山东隆森木业有限公司	木质门	欧莱丽
141	泰安市	山东大唐宅配家居有限公司	木家具、衣柜	唐牌
142	济宁市	济宁瑞宏家具装饰工程有限公司	木制家具	瑞宏
143	滨州市	山东惠民长青木业有限责任公司	木质门	一东方
144	菏泽市	鄄城县汇智家具有限公司	木质家具	汇智
145	临沂市	山东大立华家具有限公司	细木工家具、床、桌子、化妆台、椅子、茶几	大立华
146	潍坊市	山东中汇家具有限公司	民用实木家具	中汇
147	滨州市	山东金富通家居有限公司	实木家具	金富通
148	济宁市	鱼台润柳工艺品有限公司	柳编工艺品	润柳
149	潍坊市	寿光美伦纸业有限责任公司	亚光铜版纸	
150	临沂市	山东鲁南新材料股份有限公司	无纺壁纸原纸	飞超
151	滨州市	山东天地缘实业有限公司	瓦楞芯（原）纸	天地缘
152	临沂市	山东鲁南新材料股份有限公司	电解电容器纸	飞超
153	青岛市	青岛海王纸业股份有限公司	低定量高强挂面牛皮箱纸板	海王牌
154	泰安市	山东天和纸业有限公司	静电复印纸	天和兴
155	淄博市	山东仁丰特种材料股份有限公司	高强瓦楞原纸、无纺布壁纸原纸、特种过滤材料	杰众

续表

序号	行政区划	单位名称	产品名称	品牌
156	威海市	威海东兴电子有限公司	无极荧光灯	东兴
157	烟台市	烟台持久钟表集团有限公司	时间同步系统	持久
158	烟台市	烟台持久钟表集团有限公司	公共用指针式石英大钟	持久
159	烟台市	烟台持久钟表集团有限公司	船用子母钟	持久
160	德州市	泰山体育产业集团有限公司	运动垫	泰山
161	青岛市	青岛英派斯健康科技有限公司	可移动式街式足球场地设施	impulse
162	潍坊市	山东默锐科技有限公司	双酚A双（二苯基磷酸酯）	默锐
163	潍坊市	山东日科化学股份有限公司	丙烯酸酯类抗冲改性剂（ACR）	RIKE 日科化学
164	济南市	华熙福瑞达生物医药有限公司	透明质酸钠	miniHA
165	淄博市	山东赫达股份有限公司	羟丙甲纤维素	赫达
166	济南市	济南裕兴化工有限责任公司	钛白粉	生生
167	东营市	山东宝莫生物化工股份有限公司	聚丙烯酰胺	宝莫
168	青岛市	青岛海洋化工有限公司	硅胶	海洋
169	东营市	山东宝莫生物化工股份有限公司	丙烯酰胺	宝莫
170	德州市	齐鲁晟华制药有限公司	头孢噻呋系列产品	齐鲁晟华
171	淄博市	淄博正华助剂股份有限公司	有机过氧化物系列引发剂	齐达
172	滨州市	山东益丰生化环保股份有限公司	硫脲	益和
173	烟台市	烟台只楚化学新材料股份有限公司	成核透明剂 ZC-3	只楚化学
174	东营市	万达集团股份有限公司	炭黑	NICEST Carbon black

续表

序号	行政区划	单位名称	产品名称	品牌
175	日照市	日照嘉宏生物科技有限公司	醋酸乙酯	嘉宏
176	临沂市	山东阳煤恒通化工股份有限公司	聚氯乙烯树脂（PVC）	阳煤恒通
177	淄博市	山东朗法博粉末涂装科技有限公司	粉末涂料	朗法博
178	潍坊市	山东乐化漆业股份有限公司	建筑涂料	乐化
179	潍坊市	山东乐化漆业股份有限公司	油漆	乐化
180	东营市	东营金茂铝业高科技有限公司	高级微细球形铝粉	金茂
181	聊城市	山东昌裕集团聊城齐鲁漆业有限公司	建筑涂料	齐鲁
182	潍坊市	山东汇源建材集团有限公司	聚氨酯防水涂料	汇源
183	威海市	威海新元化工有限公司	氟硅改性低表面能功能涂料	新元
184	聊城市	山东昌裕集团聊城齐鲁漆业有限公司	醇酸树脂涂料	齐鲁
185	济南市	济南捷盛建材新技术有限公司	地坪涂装材料	捷盛 JESUN
186	济宁市	山东奔腾漆业股份有限公司	醇酸漆	奔腾牌
187	济宁市	山东大桥涂料有限公司	油漆	宏达益佰
188	临沂市	金沂蒙集团有限公司	有机肥料	金沂蒙
189	青岛市	青岛明月蓝海生物科技有限公司	有机肥料	明月
190	泰安市	山东农大肥业科技有限公司	复合微生物肥料	农大
191	泰安市	山东农大肥业科技有限公司	有机肥料	农大

续表

序号	行政区划	单位名称	产品名称	品牌
192	聊城市	山东谷丰源生物科技集团有限公司	复合微生物肥料	谷丰源
193	聊城市	山东谷丰源生物科技集团有限公司	微生物菌剂	谷丰源
194	聊城市	山东谷丰源生物科技集团有限公司	生物有机肥	谷丰源
195	青岛市	青岛海大生物集团有限公司	生物有机肥	海状元 SEAWINNER
196	临沂市	山东普金肥料有限公司	有机肥料	普JIN金
197	济宁市	山东鲁虹农业科技股份有限公司	有机肥料	鲁虹
198	淄博市	鲁泰纺织股份有限公司	色织棉布	Luthai（鲁泰）
199	青岛市	青岛即发集团股份有限公司	针织印染布	即发
200	滨州市	愉悦家纺有限公司	布的印染	愉悦
201	泰安市	山东岱银纺织集团股份有限公司	色织牛仔布	岱银
202	青岛市	青岛凤凰印染有限公司	真蜡防印花布	凤
203	滨州市	华纺股份有限公司	蓝铂牌印染布	LINPURE
204	淄博市	山东金晓阳生物科技股份有限公司	羧甲基纤维素钠	金晓阳
205	德州市	德州华源生态科技有限公司	桑蚕丝混纺本色纱线	锦密纺
206	威海市	山东芸祥绣品有限公司	蚕丝被	芸祥绣品 YUNXIANGEMBROIDERY
207	青岛市	青岛纺联控股集团有限公司	绢丝混纺纱	青纺联

续表

序号	行政区划	单位名称	产品名称	品牌
208	淄博市	淄博大染坊丝绸集团有限公司	真丝面料	诺宝丝邦
209	日照市	莒县海通茧丝绸有限公司	生丝	JINGUAN（锦冠牌）
210	东营市	山东俊富无纺布有限公司	薄型纺粘法非织造布	俊富（jofo）
211	德州市	天鼎丰非织造布有限公司	沥青防水卷材用聚酯长丝纺粘针刺胎基布	天鼎丰
212	泰安市	泰山玻璃纤维有限公司	无碱玻璃纤维粗纱	CTG
213	泰安市	泰山玻璃纤维有限公司	无碱玻璃纤维缝编织物	CTG
214	德州市	山东格瑞德集团有限公司	玻璃纤维增强塑料夹砂管	格瑞德
215	济宁市	泰山玻璃纤维邹城有限公司	无碱连续玻璃纤维纱	CTG
216	济宁市	泰山玻璃纤维邹城有限公司	无碱连续玻璃纤维电子布	CTG
217	菏泽市	山东省呈祥电工电气有限公司	玻璃纤维增强塑料夹砂管	呈祥
218	泰安市	泰安路德工程材料有限公司	玻璃纤维土工格栅	路德
219	淄博市	山东鲁阳股份有限公司	岩棉制品	鲁阳
220	泰安市	泰石岩棉有限公司	建筑外墙外保温用岩棉制品	泰石
221	济南市	山东德宝建筑节能技术有限公司	聚氨酯复合金属面装饰板外墙外保温系统	DEBON
222	青岛市	青岛新世纪预制构件有限公司	预制水泥板	新世纪
223	滨州市	山东斯蒙特节能技术有限公司	保温装饰一体板	CMT斯蒙特
224	菏泽市	山东天地大建材科技有限公司	TDD保温装饰一体化外墙外保温系统	TDD
225	泰安市	山东彩山兴业装饰材料有限公司	蜂窝状隔热隔音板（铝蜂窝板）	彩山

续表

序号	行政区划	单位名称	产品名称	品牌
226	泰安市	泰山石膏股份有限公司	纸面石膏板	泰山
227	临沂市	山东拜尔建材有限公司	纸面石膏板	拜尔及图
228	烟台市	山东南山铝业股份有限公司	轨道交通用铝材	NANSHAN
229	德州市	山东远大模具材料有限公司	铁路轨道焊接钢	金石
230	潍坊市	山东伟盛铝业有限公司	轨道交通用铝材	伟盛
231	滨州市	山东裕航特种合金装备有限公司	轨道交通用铝材	裕航
232	聊城市	山东冠洲股份有限公司	彩色涂层钢板	冠洲
233	滨州市	山东远大板业科技有限公司	彩色涂层钢板	远大
234	聊城市	山东众冠钢板有限公司	彩涂板	众冠
235	泰安市	山东能源重装集团乾元不锈钢制造有限公司	不锈钢冷轧钢板和钢带	建能
236	滨州市	山东汇金彩钢有限公司	彩色涂层钢板	汇金
237	滨州市	山东科瑞钢板有限公司	彩涂钢板	科瑞
238	滨州市	山东蓝天板业有限公司	彩色涂层钢板	蓝韵
239	烟台市	山东鑫汇铜材有限公司	电工圆铜线	鑫汇
240	东营市	山东胜通钢帘线有限公司	子午线轮胎用钢帘线	胜通
241	潍坊市	山东大业股份有限公司	胎圈钢丝	大业
242	威海市	贝卡尔特（山东）钢帘线有限公司	子午线轮胎用钢帘线	尔特
243	德州市	山东百多安医疗器械有限公司	医用硅橡胶系列导管	百多安
244	聊城市	东阿阿胶阿华医疗器械有限公司	玻璃体温计	东岳
245	烟台市	烟台宏远氧业有限公司	医用空气加压氧舱	宏冠
246	济宁市	山东育达医疗设备有限公司	电动护理床	育达

续表

序号	行政区划	单位名称	产品名称	品牌
247	威海市	威海威高齐全医疗设备有限公司	手术无影灯	WEGO 威高
248	烟台市	烟台冰科集团有限公司	医用分子筛制氧系统	BEACON 冰科
249	威海市	山东渔翁信息技术股份有限公司	云计算加密刀片	渔翁
250	济南市	山东万博科技股份有限公司	万博社区矫正管理信息系统	WB
251	济南市	浪潮软件集团有限公司	机顶盒	浪潮
252	日照市	山东比特电子工业有限公司	酒店电话机	Bittel
253	青岛市	青岛鼎信通讯股份有限公司	集中器	TOPSCOMM
254	威海市	山东卡尔电气股份有限公司	固定无线电话机	卡尔
255	潍坊市	潍坊华光通讯股份有限公司	KTJ101 矿用数字程控调度机	华光通讯 HuaGuangTongXun
256	烟台市	烟台惠通网络技术有限公司	无线温湿度变送器	随身随e
257	济南市	山东泰信电子股份有限公司	泰信机顶盒	泰信
258	青岛市	山东新希望六和集团有限公司	水产饲料	六和
259	日照市	中粮黄海粮油工业（山东）有限公司	水产配合饲料	喜盈盈
260	威海市	赤山集团有限公司鱼粉厂	鱼粉	赤山
261	威海市	荣成海达鱼粉有限公司	鱼粉	
262	威海市	黄海造船有限公司	钢质海洋渔船	HC
263	青岛市	青岛北海船舶重工有限责任公司	18 万吨散货船	北船重工
264	烟台市	蓬莱中柏京鲁船业有限公司	秋刀鱼兼鱿鱼钓船	京鲁船业

注：排名不分先后。

资料来源：根据山东省质量强省及名牌战略推进工作领导小组办公室关于 2015 年度山东名牌产品认定结果的公告整理。

表 2-5　　　　　　　　　　2016 年度山东名牌产品

序号	行政区划	单位名称	产品名称	品牌
1	济南市	山东省章丘鼓风机股份有限公司	罗茨鼓风机	章鼓
2	济南市	山东国辰实业集团有限公司	一体化无人值守中水处理设备	鑫国辰
3	青岛市	青岛达能环保设备股份有限公司	低低温高效燃煤烟气处理系统	青达 QINGDA
4	青岛市	青岛华海环保工业有限公司	溢油应急处置设备	华海
5	青岛市	青岛华控能源科技有限公司	氮气硫化动力系统	SINOESCO
6	青岛市	青岛路博宏业环保技术开发有限公司	有机废气吸附脱附智能净化设备	LOOBO
7	青岛市	青岛鑫源环保集团有限公司	SK 系列一体化净水设备	
8	青岛市	青岛众瑞智能仪器有限公司	环境空气颗粒物采样器	Junray
9	潍坊市	潍坊华星铸造机械有限公司	高效脉冲除尘器	华
10	泰安市	山东中玻节能环保发展有限公司	烟气除尘碳纤维复合材料阳极管	ZHONGBOSUO
11	威海市	威海威力风机有限公司	节能型环保离心通风机	天福
12	威海市	威海市正大环保设备股份有限公司	碳素焙烧烟气综合处理净化器（环保机械）	正大蓝天
13	日照市	山东五征环保科技股份有限公司	钩臂环卫箱	
14	临沂市	山东蓝博环保设备有限公司	静电除尘器	龙沂
15	临沂市	临沂蓝天锅炉有限公司	锅炉消烟脱硫除尘器	蓝天
16	枣庄市	山东天畅环保科技股份有限公司	活性污泥生物膜法一体化污水处理设备	

续表

序号	行政区划	单位名称	产品名称	品牌
17	潍坊市	山东恒阳重工科技有限公司	移动式垃圾压缩集运设备	HENGYANG
18	潍坊市	潍坊沃华水处理设备有限公司	污水处理设备	沃华远达
19	济宁市	山东水发环境科技有限公司	膜法智能模块化净水设备	京鲁
20	泰安市	山东新智机械有限公司	常压连续脱硫机	新智
21	临沂市	金锣水务有限公司	金锣污水处理设备	金锣水务
22	聊城市	山东东信塑胶有限公司	塑料一体化污水处理装置	狩猎人
23	青岛市	海信（山东）空调有限公司	工业空调	海信
24	潍坊市	山东雅士股份有限公司	洁净手术室用空调机组	
25	潍坊市	山东蓝想环境科技股份有限公司	预冷蒸发式空冷器	蓝想
26	德州市	山东格瑞德集团有限公司	暖通空调用轴流通风机	格瑞德
27	德州市	山东格瑞德集团有限公司	水（地）源热泵机组	格瑞德
28	德州市	山东格瑞德集团有限公司	方型横流玻璃钢冷却塔	格瑞德
29	德州市	山东格瑞德集团有限公司	单元式空气调节机	格瑞德
30	德州市	山东格瑞德集团有限公司	多联式空调（热泵）机组	格瑞德
31	德州市	德州中傲空调设备有限公司	风机盘管机组	中傲
32	济宁市	山东东宏管业股份有限公司	涂塑复合钢管	东宏
33	济宁市	山东东宏管业股份有限公司	埋地排水用钢带增强聚乙烯（PE）螺旋波纹管	东宏
34	济宁市	山东美尔佳新材料有限公司	PE钢质复合管	美尔佳
35	临沂市	临沂东立塑胶建材有限公司	PVC、PE钢制复合管	东立

续表

序号	行政区划	单位名称	产品名称	品牌
36	滨州市	山东君诚创新管业科技有限公司	钢塑复合管	君诚
37	济宁市	山东金大丰机械有限公司	自走式玉米收获机	金大丰
38	临沂市	山东华盛农业药械有限责任公司	背负式/侧挂式割灌机	
39	青岛市	青岛宏达锻压机械有限公司	热锻模压力机	宏锻
40	泰安市	山东宏康机械制造有限公司	数控开卷矫平剪切生产线	宏康
41	滨州市	山东力丰重型机床有限公司	重型数控液压板料折弯机（双机联动）	力丰
42	泰安市	山东塔高矿业机械装备制造有限公司	矿用单体液压支柱	塔高
43	泰安市	山东安信机械制造有限公司	液压支架、单体液压支柱	金诺机械
44	枣庄市	山东能源重装集团鲁南装备制造有限公司	顺槽用破碎机	建能
45	潍坊市	山东天瑞重工有限公司	液压破碎锤	
46	潍坊市	山东华新机电科技有限公司	新型高效节能防堵细碎机	
47	潍坊市	山东九昌重工科技有限公司	双辊破碎机	
48	济宁市	山东省济宁市同力机械股份有限公司	生物燃料成型机	
49	泰安市	泰安泰山工程机械股份有限公司	履带式吊管机	岱峰
50	泰安市	山东泰丰钢业有限公司	石油套管	青云山
51	淄博市	淄博泰光电力器材厂	有机硅橡胶复合绝缘子	泰光
52	青岛市	青岛中天斯壮科技有限公司	输变电设备铁塔	HISTRO

续表

序号	行政区划	单位名称	产品名称	品牌
53	枣庄市	山东力源铁塔制造有限公司	输电线路铁塔	青檀
54	济宁市	山东光大线路器材有限公司	电力金具	SG
55	济宁市	山东特瑞电力器材有限公司	电力金具	TR
56	泰安市	山东瑞泰玻璃绝缘子有限公司	盘形悬式玻璃绝缘子	宏雷
57	泰安市	山东泰开电器绝缘有限公司	棒形悬式复合绝缘子	泰开
58	泰安市	山东泰开电器绝缘有限公司	环氧浇注绝缘子及绝缘拉杆	泰开
59	日照市	山东鲁圣电力器材有限公司	电力金具	
60	青岛市	青岛约克运输设备有限公司	挂车车轴	YUEK
61	青岛市	青岛张氏机械有限公司	汽车支撑气弹簧用活塞杆（汽车零部件及配件制造）	
62	青岛市	青岛方正机械集团有限公司	汽车空气悬挂	
63	淄博市	淄博资豪实业有限公司	汽车钢板弹簧	资豪
64	济宁市	江铃集团山东华岳车辆部件有限公司	车轴	梁山东岳
65	济宁市	山东省梁山神力汽车配件有限公司	挂车车轴	梁山神力
66	泰安市	山东德泰机械制造集团有限公司	商用车底盘悬挂件	守德
67	威海市	山东双力板簧有限公司	汽车钢板弹簧	双力
68	莱芜市	山东汇锋传动股份有限公司	半轴	
69	临沂市	临沂开元轴承有限公司	单列圆锥滚子轴承	沂蒙

续表

序号	行政区划	单位名称	产品名称	品牌
70	临沂市	山东银光化工集团有限公司	汽车用镁铝合金支架	
71	济南市	山东汇丰铸造科技股份有限公司	高强度耐磨铸造球铁卷筒	汇丰铸造
72	济南市	山东省四方技术开发有限公司	钢管矫直辊	四方
73	青岛市	青岛三合山精密铸造有限公司	车钩、尾框及钩缓配件	三合山
74	枣庄市	滕州市天旋旋转接头制造有限公司	旋转接头	天旋
75	潍坊市	山东豪迈机械科技股份有限公司	铝镁合金轮胎模具花纹圈	himile
76	潍坊市	潍坊华星铸造机械有限公司	高铬耐磨护板	华耘
77	泰安市	山东润通齿轮集团有限公司	陆地车辆传动齿轮	中润通
78	威海市	荣成宏秀山磁业有限公司	烧结钕铁硼永磁材料	
79	济南市	山东和远智能科技股份有限公司	测控终端仪表	和远自控 HEYUAN AUTOCONTROL
80	青岛市	青岛高科通信股份有限公司	单相智能电能表	高科
81	烟台市	烟台东方威思顿电气股份有限公司	单相智能电能表	威思顿
82	烟台市	烟台东方威思顿电气股份有限公司	三相智能电能表	威思顿
83	威海市	威海震宇智能科技股份有限公司	热量表	震宇
84	莱芜市	山东力创科技股份有限公司	超声波热能表	LCKJ
85	莱芜市	山东力创科技股份有限公司	综合电力监控仪	LCKJ
86	济南市	山东博科生物产业有限公司	全自动酶免工作站	BIOBASE

续表

序号	行政区划	单位名称	产品名称	品牌
87	青岛市	青岛环球集团股份有限公司	筒纱智能包装物流系统	HICORP
88	青岛市	青岛三利集团有限公司	WWG（Ⅱ）-A 智能全频集控无负压给水设备	三立
89	青岛市	青岛宝佳自动化设备有限公司	智能工业机器人	宝智
90	枣庄市	洪海光电集团有限公司	智能翻转广告机	洪海
91	潍坊市	迈赫机器人自动化股份有限公司	工业机器人及智能装备	迈赫机器人
92	潍坊市	山东帅克机械制造股份有限公司	工业机器人	SHKE
93	济宁市	山东水泊焊割设备制造有限公司	瓦楞板自动焊接机	水泊
94	泰安市	山东明佳科技有限公司	360度高精度标签在线检测系统	MingJia 明佳
95	聊城市	聊城鑫泰机床有限公司	模块化管控机器人	XTJC
96	青岛市	青岛飞龙木业有限公司	办公家具	驰丰
97	青岛市	青岛海燕置业集团有限公司	节能环保型办公家具	德鲁奥
98	青岛市	青岛永益木业有限公司	办公家具	华谊
99	泰安市	山东大唐宅配家居有限公司	书柜	唐牌
100	临沂市	山东蓝图家具制造有限公司	办公家具	蓝图
101	德州市	山东金诺集团有限公司	电动密集架	金诺
102	德州市	山东金诺集团有限公司	钢制书架、期刊架	金诺
103	菏泽市	山东菏泽红旗家具制造有限公司	办公家具系列（文件橱、办公桌、沙发茶几等）	华菏
104	菏泽市	鄄城县天涯家具有限公司	办公家具	天涯
105	青岛市	青岛海燕置业集团有限公司	节能环保型沙发	德鲁奥
106	淄博市	山东凤阳集团股份有限公司	沙发	凤阳

续表

序号	行政区划	单位名称	产品名称	品牌
107	淄博市	山东福王家具有限公司	沙发	福王
108	潍坊市	山东新郎欧美尔家居置业有限公司	沙发	欧美尔
109	临沂市	山东蓝图家具制造有限公司	沙发	蓝图
110	菏泽市	鄄城县汇智家具有限公司	沙发	汇智 Huizhi
111	莱芜市	山东巧夺天工家具有限公司	红木家具	巧夺天工
112	临沂市	山东立晨集团有限公司	红木家具	东游
113	济南市	九阳股份有限公司	净水机	九阳
114	青岛市	澳柯玛股份有限公司	电饭煲	澳柯玛 AUCMA
115	青岛市	青岛青禾人造草坪股份有限公司	人造草坪	BELLINTURF
116	济南市	山东银鹰炊事机械有限公司	和面机	福鹰
117	泰安市	山东新泰秋实节能科技有限公司	智能微耗商用灶	燧智
118	滨州市	山东省皇冠厨业有限公司	电气两用蒸饭车	锦标
119	滨州市	山东省鲁宝厨业有限公司	蒸饭车	鲁宝
120	滨州市	山东华杰厨业有限公司	中餐燃气炒菜灶	
121	滨州市	山东东方新兴厨房设备有限责任公司	中餐燃气炒菜灶	东方新兴
122	泰安市	鲁普耐特集团有限公司	碳纤维绳	鲁普耐特
123	威海市	威海光威复合材料股份有限公司	碳纤维预浸料	光 GW 威
124	威海市	威海宝飞龙钓具有限公司	碳纤维钓鱼竿	豪仕达
125	威海市	威海市海明威集团股份有限公司	钓鱼竿（碳纤维制品）	海明威

续表

序号	行政区划	单位名称	产品名称	品牌
126	枣庄市	山东鲁南瑞虹化工仪器有限公司	气相色谱仪	宏图
127	枣庄市	滕州市滕海分析仪器有限公司	气相色谱仪	鲁虹
128	济宁市	润峰电力有限公司	太阳能组件电池	REALFORCE
129	济宁市	山东硕华科技有限公司	太阳能电池组件	硕华光电
130	济宁市	山东中晶新能源有限公司	太阳能电池	中晶
131	菏泽市	山东宇太光电科技有限公司	太阳能电池组件	宇太
132	青岛市	青岛乾运高科新材料股份有限公司	镍钴锰酸锂	乾运高科
133	枣庄市	山东精工电子科技有限公司	锂离子电池	
134	济南市	济南南湖玉露茶叶科技开发有限公司	泉城绿茶/泉城红茶	泉城
135	青岛市	青岛万里江茶业有限公司	绿茶	万里江
136	青岛市	青岛晓阳工贸有限公司	茶叶	晓阳春
137	青岛市	青岛涵雪饮品有限公司	崂山绿茶	涵雪
138	烟台市	海阳市丹露春茶叶农民专业合作社	茶叶	碧雪香
139	潍坊市	诸城市德邻茶场	绿茶	德邻茶
140	潍坊市	诸城市碧龙春茶业有限公司	绿茶	
141	泰安市	泰安市泰山女儿旅游商贸有限公司	茶叶	泰山女儿
142	日照市	山东日照碧波茶业有限公司	绿茶	

续表

序号	行政区划	单位名称	产品名称	品牌
143	日照市	日照圣谷山茶场有限公司	绿茶	圣谷山
144	日照市	日照市御园春茶业有限公司	绿茶	
145	日照市	日照淞晨茶业工贸有限公司	茶叶（绿茶）	海岸绿茶
146	日照市	日照市淞晨茶业工贸有限公司	茶叶（红茶）	
147	日照市	山东百满茶业股份有限公司	绿茶	
148	日照市	日照北极春茶业有限公司	绿茶	
149	日照市	日照市银海茶业有限公司	日照银海绿茶	
150	临沂市	临沂市玉芽茶业有限公司	沂蒙玉芽茶	玉芽
151	菏泽市	菏泽巨鑫源食品有限公司	康爱草芦笋茶	康爱草
152	青岛市	青岛柏兰集团有限公司	芝麻油	柏兰
153	青岛市	青岛品品好粮油有限公司	花生油	品品好
154	青岛市	青岛天祥食品集团有限公司	花生油	喜燕
155	青岛市	嘉里粮油（青岛）有限公司	花生油	胡姬花
156	淄博市	山东沂蒙山花生油股份有限公司	花生油	沂蒙山
157	烟台市	山东鲁花集团有限公司	花生油	鲁花
158	烟台市	山东鲁花集团有限公司	葵花仁油	鲁花
159	烟台市	山东鲁花集团有限公司	食用调和油	鲁花
160	烟台市	龙大食品集团有限公司	花生油	龙大

续表

序号	行政区划	单位名称	产品名称	品牌
161	烟台市	山东鲁花集团有限公司	玉米油	鲁花
162	烟台市	山东鲁花集团有限公司	芝麻油	鲁花
163	烟台市	山东鲁花集团有限公司	橄榄油	鲁花
164	潍坊市	诸城兴贸玉米开发有限公司	玉米油	
165	潍坊市	瑞福油脂股份有限公司	香油（芝麻油）	崔字牌
166	聊城市	山东省高唐蓝山集团总公司	大豆油	沙土地
167	滨州市	山东西王食品有限公司	玉米胚芽油	西王
168	滨州市	山东三星玉米产业科技有限公司	玉米油、葵花籽油	长寿花
169	滨州市	山东香驰粮油有限公司	大豆油	天下五谷
170	菏泽市	菏泽尧舜牡丹生物科技有限公司	牡丹籽油	尧舜牡丹
171	青岛市	青岛康大食品有限公司	康大牌调理海产品	康大，KONDE
172	青岛市	青岛浩源集团有限公司	裹糠鱿鱼圈	浩源
173	烟台市	蓬莱京鲁渔业有限公司	冷冻调理水产品（鱼类、鱿鱼类、虾蟹贝类）	京鲁远洋
174	烟台市	山东东方海洋科技股份有限公司	三文鱼制品	东方海洋
175	潍坊市	山东佳士博食品有限公司	冷冻调制海产品	佳士博
176	威海市	山东好当家海洋发展股份有限公司	冷冻调制海产品	好当家
177	威海市	荣成泰祥食品股份有限公司	冷冻调制海产品（速冻调理水产品）	泰祥
178	威海市	威海市宇王集团有限公司	速冻调味鲅鱼块	宇王

续表

序号	行政区划	单位名称	产品名称	品牌
179	威海市	荣成宏伟食品有限公司	冷冻调理海产品	
180	威海市	恒茂实业集团有限公司	冷冻调理海产品	HENGMAO
181	威海市	山东蓝润水产有限公司	速冻调制食品	
182	日照市	山东荣信水产食品集团股份有限公司	蒲烧鳗鱼	荣信 Rongsenxin
183	济南市	山东省盐业集团有限公司	食用盐	鲁晶 LUJING
184	潍坊市	山东菜央子盐场	食盐	
185	泰安市	山东肥城精制盐厂	食用盐	鲁祥
186	泰安市	山东岱岳制盐有限公司	食用盐	东岳
187	威海市	威海市高岛制盐有限公司	食盐	高岛
188	济南市	济南圣泉集团股份有限公司	功能糖	圣泉
189	青岛市	青岛明月海藻集团有限公司	D-甘露糖醇	明月
190	德州市	山东福田药业有限公司	木糖醇	福甜
191	德州市	保龄宝生物股份有限公司	赤藓糖醇	保龄宝
192	德州市	保龄宝生物股份有限公司	低聚异麦芽糖	保龄宝
193	德州市	保龄宝生物股份有限公司	低聚果糖	保龄宝
194	德州市	山东龙力生物科技股份有限公司	木糖醇	龙力
195	德州市	山东龙力生物科技股份有限公司	低聚木糖	龙力
196	滨州市	西王药业有限公司	结晶果糖	西王
197	青岛市	青岛橡六输送带有限公司	高强力输送带	

续表

序号	行政区划	单位名称	产品名称	品牌
198	青岛市	青岛橡六输送带有限公司	阻燃输送带	橡六
199	济宁市	山东祥通橡塑集团有限公司	输送带	祥通
200	济宁市	山东晨光胶带有限公司	煤矿用钢丝绳芯阻燃输送带	晨光
201	济宁市	山东晨光胶带有限公司	煤矿用织物整芯阻燃输送带（PVC）	晨光
202	济宁市	山东康迪泰克工程橡胶有限公司	低滚动阻力节能钢丝绳芯输送带	银河德普
203	临沂市	山东威普斯橡胶股份有限公司	输送带	PHOEBUS威普斯
204	青岛市	青岛明月海藻集团有限公司	褐藻酸钠	明月
205	青岛市	青岛琅琊台集团股份有限公司	衣康酸	科海
206	青岛市	青岛琅琊台集团股份有限公司	DHA（二十二碳六烯酸油脂）	科源 Keyuan
207	潍坊市	山东新和成药业有限公司	叶醇	新和成
208	日照市	山东洁晶集团股份有限公司	褐藻酸钠	
209	青岛市	青岛爱尔家佳新材料有限公司	阻尼涂料、喷涂聚脲涂料	爱尔家佳
210	青岛市	青岛红妮制衣有限公司	羊毛羊绒内衣	红妮
211	潍坊市	山东耶莉娅服装集团总公司	羊毛羊绒服装	耶莉娅
212	潍坊市	山东耶莉娅服装集团总公司	丝绸服装	耶莉娅
213	青岛市	青岛即发集团股份有限公司	标志服装	即发
214	潍坊市	山东耶莉娅服装集团总公司	标志服装	耶莉娅
215	泰安市	山东雷诺服饰有限公司	职业装	雷诺

续表

序号	行政区划	单位名称	产品名称	品牌
216	威海市	山东汇泉工业有限公司	威朗法兰服装	威朗法兰
217	日照市	日照市太阳鸟贸易有限公司	标志服装	
218	日照市	山东文正衣品股份有限公司	卫生医护制服	
219	聊城市	山东盛世隆服饰有限公司	标志服装	盛世隆
220	泰安市	泰安金飞虹织造有限公司	泰山御锦	泰山御锦
221	聊城市	山东国冠纺织有限公司	家纺用品	国冠
222	菏泽市	山东乡韵鲁锦纺织品有限公司	鲁锦制品	乡韵
223	淄博市	山东鲁阳节能材料股份有限公司	建筑用岩棉绝热制品	鲁阳巴萨特
224	淄博市	山东金晶科技股份有限公司博山分公司	节能中空	金晶
225	淄博市	山东能特异能源科技有限公司	节能新材料（中空玻璃用3A分子筛）	绿能
226	枣庄市	山东天畅环保科技股份有限公司	玻璃纤维增强塑料复合型材	
227	枣庄市	滕州三圣新型材料有限公司	焦宝石高强喷涂料	三圣耐材
228	潍坊市	山东信泰节能科技工程有限公司	外墙保温装饰一体板	信泰
229	泰安市	泰山玻璃纤维有限公司	节能环保型无氟无硼玻璃纤维	CTG
230	泰安市	泰安路德工程材料有限公司	涤纶经编土工格栅	路德
231	威海市	威海博盛新材料有限公司	建筑外墙外保温用岩棉制品	
232	临沂市	山东凯米特铝业有限公司	轻量化节能铝合金建筑型材	凯米特

续表

序号	行政区划	单位名称	产品名称	品牌
233	临沂市	山东邦尼新材料有限公司	玻璃纤维天花板	邦尼
234	临沂市	山东宏德新材料有限公司	轻钢装配式保温复合板	HOOXON
235	济南市	山东天海新材料工程有限公司	高分子防水卷材	时龙
236	青岛市	青岛大洋灯塔防水有限公司	高分子防水卷材	灯塔
237	东营市	山东金禹王防水材料有限公司	聚氯乙烯防水卷材	
238	潍坊市	潍坊市宏源防水材料有限公司	三元乙丙橡胶防水卷材	
239	潍坊市	潍坊市宇虹防水材料（集团）有限公司	氯化聚乙烯防水卷材	宇虹
240	潍坊市	山东宏恒达防水材料工程有限公司	聚氯乙烯（PVC）防水卷材	
241	潍坊市	山东金顶防水材料有限公司	聚氯乙烯（PVC）防水卷材	
242	潍坊市	潍坊市坤岳防水材料有限公司	预铺防水卷材塑料类	
243	潍坊市	潍坊市宝源防水材料有限公司	聚乙烯丙纶复合防水卷材	
244	潍坊市	潍坊市华光防水材料有限公司	聚氯乙烯（PVC）防水卷材	圣奥
245	潍坊市	潍坊市海王新型防水材料有限公司	聚乙烯丙纶防水卷材	
246	潍坊市	山东省潍坊市富华防水材料有限公司	高分子聚乙烯丙纶防水卷材	Fuhua
247	日照市	日照广大建筑材料有限公司	建筑防水涂料用丙烯酸乳液	RG

续表

序号	行政区划	单位名称	产品名称	品牌
248	滨州市	滨州市良友防水材料有限责任公司	聚氨酯防水涂料	良信
249	滨州市	山东北方创信防水技术有限公司	cx-SSE喷涂速凝橡胶沥青防水涂料	耐沃特
250	青岛市	青岛三利集团有限公司	SM610新型控制器	三立
251	烟台市	烟台三环科技有限公司	智能枪支弹药专用保险柜	三环
252	济宁市	山东金科星机电有限公司	防爆传感器	金科机电
253	济南市	积成电子股份有限公司	电能量信息采集系统系列产品	积成
254	济南市	山东星科智能科技股份有限公司	电气智能实验教学公共平台	XINGKE
255	济南市	山东数字人科技股份有限公司	数字人解剖系统	易创电子
256	济南市	济南瑞泉电子有限公司	智能水表抄表系统	RICHENS
257	济南市	山东万博科技股份有限公司	万博综合安防管理平台	WB
258	济南市	山东中磁视讯股份有限公司	中磁服刑人员社会帮教系统	中磁 zhongci
259	济南市	山东万博科技股份有限公司	万博监狱信息化综合管理平台	WB
260	济南市	中孚信息股份有限公司	中孚智能密码钥匙管理系统	中孚信息
261	青岛市	青岛鼎信通讯股份有限公司	载波芯片软件[TCC]	TOPSCOMM
262	青岛市	青岛三利集团有限公司	WNCS远程网络监测监控监视系统	三立
263	青岛市	青岛东软载波科技股份有限公司	电力线载波远程自动抄表系统	EASTSOFT
264	青岛市	青岛佳明测控科技股份有限公司	VOCs在线监测系统	JM

续表

序号	行政区划	单位名称	产品名称	品牌
265	烟台市	烟台海颐软件股份有限公司	海颐公安监督管理信息平台软件	海颐软件
266	泰安市	山东泰开自动化有限公司	智能型电力高频直流电源柜	泰开
267	莱芜市	山东力创科技股份有限公司	超声波热能表嵌入式软件	LCKJ
268	莱芜市	山东力创科技股份有限公司	城市热网监控平台系统	LCKJ
269	淄博市	山东泰宝防伪技术产品有限公司	无线射频识别（RFID）电子标签	泰宝
270	济宁市	山东科大鼎新电子科技有限公司	金属键合丝	科大鼎新
271	济南市	济南致业电子有限公司	单警执法视音频记录仪	ZECN 致业
272	东营市	山东华网智能科技股份有限公司	激光夜视仪	神猪
273	烟台市	烟台惠通网络技术有限公司	智能水下监测仪	
274	潍坊市	山东惠影科技传媒股份有限公司	数字电影流动放映播放器	HYKJ 惠影
275	聊城市	山东天海科技股份有限公司	可视信息装备	时龙
276	济南市	中集车辆（山东）有限公司	冷藏车、保温车	国道
277	青岛市	青特集团有限公司	自卸车	青特
278	青岛市	青特集团有限公司	半挂车	青特
279	青岛市	中国重汽集团青岛重工有限公司	智能渣土自卸车	青专
280	青岛市	青岛中集专用车有限公司	半挂车	中集
281	烟台市	山东丛林福禄好富汽车有限公司	铝合金半挂车	CLFH
282	济宁市	梁山中集东岳车辆有限公司	半挂车/厢式车	梁山东岳

续表

序号	行政区划	单位名称	产品名称	品牌
283	济宁市	山东万事达专用汽车制造有限公司	半挂车	万事达
284	济宁市	山东杨嘉汽车制造有限公司	低平板半挂车	杨嘉
285	泰安市	中国重汽集团泰安五岳专用汽车有限公司	自卸汽车	五岳
286	泰安市	中国重汽集团泰安五岳专用汽车有限公司	半挂车	五岳
287	聊城市	中通汽车工业集团有限责任公司	洗扫车	东岳
288	聊城市	山东迅力特种汽车有限公司	自卸汽车	迅力

表 2 – 6　　　　　　　　2016 年度山东省服务名牌

序号	行政区划	单位名称	服务品牌	服务项目
1	济南市	山东新华书店集团有限公司		图书、报纸、期刊、电子出版物总发行销售
2	青岛市	青岛维客集团股份有限公司	牵手维客 感受亲情	批发和零售
3	东营市	东营银座商城有限公司		批发和零售
4	烟台市	山东莱州市百货大楼有限公司		批发和零售
5	潍坊市	山东潍坊百货集团股份有限公司中百连锁超市	中百便利	商业零售服务
6	潍坊市	潍坊中百益家园超市有限公司		批发和零售
7	济宁市	兖矿东华邹城万家乐商贸有限公司	欢乐万家	商业零售服务

续表

序号	行政区划	单位名称	服务品牌	服务项目
8	泰安市	山东潍坊百货集团股份有限公司泰安中百大厦	中百	百货零售
9	威海市	山东燕喜堂医药连锁有限公司	燕喜堂	批发和零售
10	德州市	山东德州百货大楼（集团）有限责任公司	德百	百货零售、超市连锁、家居建材
11	德州市	德州市龙宝金行有限公司		珠宝首饰代理销售
12	滨州市	山东福人楼工贸有限公司	福人楼	金银及珠宝首饰销售
13	青岛市	青岛真情巴士集团有限公司	真情巴士	城市公共交通运输
14	青岛市	交运集团公司	温馨的士	城市出租客运
15	烟台市	深国际北明全程物流有限公司	物林九州	现代物流、供应链管理
16	临沂市	临沂交通运输投资集团有限公司汽车客运总站	金海堂服务班	交通运输服务
17	菏泽市	菏泽交通集团有限公司	鲁之翼物流	仓储、运输、配送、包装、国际货运代理
18	烟台市	烟台中理外轮理货有限公司		水上运输
19	烟台市	龙口港集团有限公司	龙口港	环渤海黄金水道集装箱运输服务
20	济宁市	山东省济宁交通运输集团有限公司	情系万里 德行天下	交通运输
21	日照市	日照港集团有限公司	日照港	海通班轮航线集装箱与旅客运输
22	济南市	山东盖世国际物流集团有限公司	盖世	物流服务

续表

序号	行政区划	单位名称	服务品牌	服务项目
23	青岛市	青岛港国际股份有限公司大港分公司	青岛港海铁速运	物流服务
24	青岛市	青岛港国际股份有限公司大港分公司	"三心"大港——放心、省心、舒心	物流服务
25	青岛市	中储发展股份有限公司青岛分公司		港口物流供应链服务
26	青岛市	青岛泽翰物流有限公司		物流服务
27	烟台市	烟台海通联合发展有限公司		仓储运送、报税、危化运输、厂房租赁
28	烟台市	龙口港集团有限公司		港口现代物流融资支持平台
29	临沂市	山东华派克物流有限公司	华派克物流	仓储物流、质押监管
30	济宁市	中国邮政集团公司山东省嘉祥县分公司	中国邮政	邮政基本服务
31	威海市	中国邮政集团公司威海市文登区分公司	中国邮政	邮政基本服务
32	德州市	中国邮政集团公司山东省齐河县分公司	中国邮政	邮政基本服务
33	济南市	济南超意兴餐饮有限公司		餐饮服务
34	青岛市	青岛尚美生活集团有限公司	尚客优	酒店管理
35	青岛市	青岛春和楼饭店有限责任公司	春和楼	餐饮服务
36	青岛市	青岛颐中国际大酒店有限公司	颐中	住宿和餐饮

续表

序号	行政区划	单位名称	服务品牌	服务项目
37	青岛市	青岛健力源餐饮管理有限公司	JL	餐饮服务
38	青岛市	青岛豪邦度假村有限公司		住宿和餐饮
39	淄博市	山东齐盛国际宾馆		住宿和餐饮
40	淄博市	淄博瑞源资产运营有限公司齐林大酒店		住宿和餐饮
41	东营市	山东蓝海酒店集团	BHG	住宿和餐饮
42	潍坊市	安丘新东方大酒店有限公司	亲情新东方	住宿和餐饮
43	潍坊市	山东鸢飞大酒店有限公司	鸢飞	住宿和餐饮
44	济宁市	山东圣德国际酒店	圣德	住宿和餐饮
45	威海市	威海倪氏海泰大酒店有限公司	倪氏海泰	住宿和餐饮
46	德州市	德州美丽华大酒店有限公司	美丽华	住宿和餐饮
47	滨州市	山东省阳信广富畜产品有限公司	鸿安 Hongan	餐饮服务
48	济宁市	中国移动通信集团山东有限公司金乡分公司	中国移动 China Mobile	山东省移动电话通信业务
49	临沂市	山东广电网络有限公司费县分公司	山东有线	广播电视节目传输
50	德州市	中国移动通信集团山东有限公司齐河分公司	中国移动 China Mobile	电信服务
51	德州市	中国移动通信集团山东有限公司禹城分公司	中国移动 China Mobile	无线网络的话音、数据、图像及多媒体通信

续表

序号	行政区划	单位名称	服务品牌	服务项目
52	聊城市	中国移动通信集团山东有限公司高唐分公司	中国移动	移动通信服务
53	淄博市	淄博中宇信息技术有限公司	中宇资讯	中国大宗商品领域资讯服务
54	烟台市	山东捷瑞数字科技股份有限公司	21-sun	工程机械行业互联网信息服务
55	济南市	山东中磁视讯股份有限公司	中磁 zhongci	中磁服刑人员社会帮教系统
56	济南市	济南和一汇盛科技发展有限责任公司	和汇盛	软件和信息技术服务
57	济南市	山东万博科技股份有限公司	WB	信息与通信技术服务
58	青岛市	青岛恒华机房设备工程有限公司	恒华	软件和信息技术服务
59	青岛市	青岛市城阳区行政服务中心	阳光律你析	软件和信息技术服务
60	烟台市	烟台惠通网络技术有限公司	傻瞇持	软件和信息技术服务
61	潍坊市	万声信息产业有限公司		信息技术服务
62	潍坊市	潍坊中财信科技有限公司	中财信	软件和信息技术服务
63	威海市	山东科润信息技术有限公司	追溯宝	食品、农产品质量安全追溯
64	济南市	山东省电子商务综合运营管理有限公司	联行支付	联行支付
65	青岛市	海尔集团电子商务有限公司	海尔商城	电子商务
66	济宁市	山东华通二手车信息技术有限公司	华通二手车市场	华通商用二手车O2O电子商务服务

续表

序号	行政区划	单位名称	服务品牌	服务项目
67	济宁市	山东鹤来香食品有限公司	鹤来香	农村电子商务
68	威海市	山东乐百特电子商务有限公司	乐百特	韩国进口百货电子商务服务
69	临沂市	临沂新明辉安全科技有限公司	新明辉	电子商务
70	滨州市	山东远洋网络科技有限公司	爱用	电子商务
71	淄博市	青岛银行股份有限公司淄博分行	青馨	货币银行服务
72	潍坊市	潍坊银行股份有限公司	潍坊银行	货币银行服务
73	潍坊市	山东高密农村商业银行股份有限公司		货币金融服务
74	济宁市	山东济宁兖州农村商业银行股份有限公司		货币金融服务
75	泰安市	山东肥城农村商业银行股份有限公司	情怀五心服务桃乡	存贷款服务
76	泰安市	山东新泰农村商业银行股份有限公司		阳光金融工程
77	威海市	山东文登建信村镇银行有限责任公司	山东文登建信村镇银行	货币金融服务
78	德州市	山东齐河农村商业银行股份有限公司		存款业务、贷款业务、电子银行业务
79	德州市	威海市商业银行股份有限公司德州分行	威海市商业银行	存贷款、资金结算
80	滨州市	山东博兴农村商业银行股份有限公司		金融服务业务
81	济南市	山东银丰物业管理有限公司	银丰	物业管理

续表

序号	行政区划	单位名称	服务品牌	服务项目
82	青岛市	青岛新时代物业服务有限公司		物业服务
83	青岛市	青岛橡胶谷物业管理有限公司		物业管理服务
84	青岛市	青岛友邦物业管理有限公司		物业管理
85	枣庄市	枣庄市安居物业管理有限公司		物业管理
86	潍坊市	诸城大源物业管理有限公司		物业管理服务
87	威海市	威海威高物业服务有限公司		文化社区物业管理
88	威海市	赤山集团物业服务有限公司	真情服务到永远	物业管理
89	临沂市	东方佳园物业服务有限公司	东方佳园	物业服务
90	临沂市	山东天元物业管理有限公司	天元物业	物业管理
91	济南市	山东千慧知识产权代理有限公司	千慧	知识产权服务
92	青岛市	青岛致嘉商标专利事务所有限公司	致嘉	知识产权服务
93	青岛市	港中旅国际（山东）旅行社有限公司	精彩世界	旅行社
94	泰安市	泰安市泰山瀛泰国际旅行社有限公司	泰山瀛泰	旅行社
95	威海市	威海龙之旅国际旅行社有限公司	旅万里	旅行社
96	菏泽市	菏泽花乡水邑旅行社有限公司	花乡水邑	旅游服务

续表

序号	行政区划	单位名称	服务品牌	服务项目
97	青岛市	青岛国际会展中心	情到会展	场地等租赁及展览会议服务
98	青岛市	青岛嘉路博国际会展有限公司	嘉路博	会议及展览服务
99	莱芜市	莱芜会展中心	莱芜会展中心	会议及展览服务
100	青岛市	青岛市华测检测技术有限公司	CTI	检验技术服务
101	青岛市	通标标准技术服务有限公司青岛分公司	通标	检验技术服务
102	青岛市	青岛京诚检测科技有限公司	BJT	检验技术服务
103	青岛市	青岛海润农大检测有限公司	Harrens	食品质量检测与评估服务
104	济宁市	山东五洲检测有限公司		检验技术服务
105	泰安市	泰安兴润检测有限公司	兴润检测	检验技术服务
106	临沂市	临沂市正直机动车检测有限公司	正直	检验技术服务
107	东营市	东营新世纪人才开发中心		人力资源服务
108	青岛市	软控股份有限公司	软控 MESNAC	检测校准服务
109	青岛市	青岛市勘察测绘研究院		勘测地理信息
110	东营市	山东德仕石油工程集团股份有限公司		技术推广服务
111	潍坊市	高密市惠荣菌菇专业合作社	惠和	科技推广和应用服务

续表

序号	行政区划	单位名称	服务品牌	服务项目
112	威海市	荣成市华峰果品有限公司		现代苹果种植技术推广服务
113	威海市	威海市文登区勾勾吉果品专业合作社		农业技术推广
114	临沂市	史丹利化肥股份有限公司	史丹利	农化服务
115	潍坊市	潍坊市奎文区环境卫生管理处		环境卫生管理
116	威海市	荣成市环境卫生管理处	金帚舞动洁万家	环境卫生管理
117	枣庄市	山东省台儿庄古城旅游集团有限公司		观光旅游、导游、游艇运输、旅行社
118	枣庄市	微山湖湿地集团有限公司		旅游景点游览观光、休闲度假
119	烟台市	南山旅游集团有限公司		游览景区管理
120	威海市	威海石岛赤山旅游有限公司	真情服务到永远	旅游管理服务
121	临沂市	蒙阴孟良崮旅游开发有限公司	孟良崮	旅游、旅游景点开发与保护
122	临沂市	山东天蒙旅游开发有限公司	沂蒙山天蒙	旅游开发、经营管理及咨询服务
123	临沂市	山东岱崮地貌旅游开发有限公司	岱崮地貌	游览景区管理
124	临沂市	山东龙腾竹泉旅游发展集团有限公司	竹泉村	旅游接待服务
125	德州市	山东省坤河旅游开发有限公司泉城海洋极地世界展览馆		旅游接待服务
126	菏泽市	山东郓城水浒旅游发展有限公司	水浒英雄	旅游管理服务

续表

序号	行政区划	单位名称	服务品牌	服务项目
127	临沂市	莒南县政务服务中心管理办公室		社区服务中心服务
128	潍坊市	潍坊好上好家政服务有限公司		家庭服务
129	菏泽市	菏泽市天使护政服务有限公司	天使家政	家政服务，社区护理，老年护理，保洁服务
130	烟台市	国网山东省电力公司龙口市供电公司		供电服务
131	德州市	国网山东省电力公司临邑县供电公司		电力供应服务
132	德州市	国网山东省电力公司平原县供电公司		电力供应服务
133	德州市	国网山东省电力公司齐河县供电公司		电力供应服务
134	青岛市	青岛西海岸公用事业集团水务有限公司		供水生产和服务
135	淄博市	淄博天润供水有限公司		自来水供应服务
136	威海市	威海市水务集团有限公司		供（排）水服务
137	德州市	德州市供水总公司		自来水生产及供应
138	青岛市	青岛汇博电子科技有限公司	汇百家之长博万众之心	教育信息化服务
139	济宁市	济宁市任城区金城街道（众和）社区卫生服务中心		老年人养护服务
140	日照市	日照中盛幸福苑		老年人养护服务

续表

序号	行政区划	单位名称	服务品牌	服务项目
141	滨州市	滨城区社会养老服务中心		老年人养护服务
142	济宁市	山东金榜苑文化传媒有限责任公司	JBY	出版发行
143	济宁市	山东新坐标书业有限公司	课堂新坐标 非常学案	出版
144	青岛市	青岛绿泽画院有限公司	绿泽	油画创作、临摹
145	青岛市	青岛凤凰世纪传媒有限公司	凤凰世纪	文化创业产业
146	济宁市	山东金太阳书业有限公司	优化探究 创新思维	出版
147	潍坊市	青州市博物馆	小大博物馆	历史文化艺术传播
148	泰安市	泰安市泰山区图书馆	咱们的图书馆	图书馆及博物馆
149	莱芜市	莱芜战役纪念馆	莱芜战役纪念馆	红色旅游 革命教育

注：排名不分先后。
资料来源：根据山东省质量强省及名牌战略推进工作领导小组办公室关于2016年度山东名牌产品和山东省服务名牌认定结果的公告整理。

第三篇

努力培育和提升山东品牌优势

　　品牌是企业创出来的、拼出来的。企业创品牌的实践需要进行总结、概括并升华为理论，探索出品牌培育的规律性，进而用以指导企业的实践，带动更多的企业创出品牌，不断满足人们消费升级、对多层次产品品质体验的需求。

海尔集团深入开展"双创"促进转型发展的做法及启示

国研室等单位联合调研组

海尔集团是我国制造领域的标杆企业。在风起云涌的互联网时代,海尔率先践行大众创业、万众创新(以下简称"双创")理念,着力创新发展,颠覆传统管理体制机制,探索出"互联互通,共创共赢,人人创客,引爆引领"的发展模式,从传统家电制造企业蜕变为行业无边界的互联网企业,连续7年蝉联全球白色家电第一品牌,实现利润连续9年复合增长率达30%以上,为社会创造了130多万个就业机会,为大型企业开展"双创"、推进供给侧结构性改革探出了路子,具有较强的典型性和示范性。我室会同山东省政府研究室、青岛市政府研究室,就海尔开展"双创"、转型发展进行了联合调研,深入企业车间、研发机构和消费市场考察,与张瑞敏等企业领导座谈,形成了此调研报告。

一、海尔开展"双创"、转型发展的做法

互联网为人类文明进步带来了一大飞跃,也给生产企业创造了机遇、提出了挑战。互联网改变了用户消费习惯,引领经济发展步入以体验、共享和社群为特征的新阶段,不断催生崭新的商业模式和市场竞争

格局。企业过去那种整体面对市场、指令式生产产品供给消费者的做法，已经无法适应互联网时代用户个性化的需求。适者生存、逆者淘汰，海尔顺应时代潮流，加快体制机制和生产经营方式变革，打造"双创"模式，走出了互联网时代企业发展新路子，它们的做法可归结如下：

（一）战略引领

战略转型是企业发展转型的前提。海尔31年的发展史，就是顺应科技浪潮、踏准时代节拍、调整发展战略不断创业创新的历史。面对汹涌而来的互联网大潮，张瑞敏早在2000年就提出"不触网，就死亡"的理念，逐步探索形成了互联网时代的企业转型战略——网络化战略，并在2012年12月26日正式实施。经过1000多个日日夜夜的蜕变，企业实现了"三化"（企业平台化、员工创客化、用户个性化）转型，新海尔——一个全新的互联网平台企业诞生了。在新海尔，企业不再是自我封闭的系统，而是全方位融入互联网，无边界接入全球一流资源，与攸关各方利益分享、风险共担、共创共赢的互联网平台；员工不再是被领导者，而是创业创新的创客，是与企业共同成长的合伙人；广大用户也不再是被动的商品购买者，而是可以渗入企业生产全流程的参与者。

（二）体制重塑

为了适应互联网企业的需要，海尔颠覆了传统企业体制，压缩中间管理层级，将企业从金字塔式科层组织重塑为以创业小微为基本单元的节点组织。实行脱胎换骨的变革后，海尔企业人员分为平台主、小微主和创客三类，平台主是平台管理者，小微主是小微的负责人，创客是小微的员工。创业小微作为企业基本单元，是独立运营主体，享有决策权、用人权和分配权，在市场竞争中优胜劣汰、创业发展。经过体制重塑和人员分流，海尔在册人员从高峰时的11万人减少到6万人，创业小微达到了180多个。

（三）机制再造

机制再造贯穿于海尔转型的全过程，目前已形成以用户为中心的系列管理机制，驱动企业高效运转、活而不乱、健康发展。这些机制包括：一是创客小微产生和成长机制。创客小微的产生不是自上而下的命令，而是产生于创客与用户的交互过程中，创客通过了解用户"痛点"产生创意并形成解决方案，利用海尔平台在与用户反复交互中完成产品设计、获得市场订单并进行生产，创客小微按单聚散，创客可以是企业员工也可以是社会人员，平台主、小微主竞单上岗，能够为用户提供最佳体验的创客小微逐步发展壮大，反之则被淘汰、小微也随之解散。二是"创客小微对赌契约"机制。这是海尔平台与创业小微自优化、自演进的核心机制。对赌契约由平台与创客小微协商形成，包括引领目标、跟投对赌、动态迭代三个要素。引领目标是以达到行业引领地位为对赌标的，并根据市场变化动态迭代调整；小微成员通过竞争获得对赌机会，在引进风投资金的同时平台投入资金，小微成员也要自掏腰包跟投对赌；如果在契约约定期内达到了引领目标，小微团队将得到相应奖励，若达不到目标将换小微主或者撤销项目，若项目失败小微成员还会损失相应的对赌金。这一机制使得员工与企业真正成为合伙人，共担风险、共享增值，从根本上消除了传统企业养懒汉和闲人的通病。三是"用户付薪"机制。传统企业的薪酬由企业付薪，海尔将其颠覆为由用户付薪，无论是平台主、小微主还是创客，都是人单合一、同一目标、同一薪源。海尔创造的"共赢增值表"，改变了传统损益表只能事后算账的情况，使用户付薪机制量化可考可操作。每个小微都有一张共赢增值表，以用户评价作为决策依据，员工薪酬由用户说了算。四是柔性定制机制。海尔小微通过"和用户零距离"交互获得订单，用户可以提出特殊需求，在生产环节通过物联网、柔性制造等手段实现用户生产可观、物流可视，确保生产出让用户满意的定制产品。

（四）平台创新

海尔基于互联网的发展转型，最为重要的创新是平台创新。目前，海尔已经演变成一个平台企业，一个可以整合全球一流资源、为创客小微创新创业提供有力支撑的共创共赢生态系统。海尔平台由创客资源、创客小微资源、用户资源、第三方资源和服务支持资源五类要素平台以及所依存的创业生态环境构成，通过交互机制、孵化机制、对接机制和市场机制帮助创客小微创新创业。交互机制帮助创客小微寻找用户"痛点"，挖掘用户需求，据此捕捉机会、发现创意；孵化机制帮助创客小微引入风投资金，帮助小微快速产业化；对接机制帮助创客小微与第三方资源建立连接，从而整合全球一流资源帮助创新创业；市场机制支持创客小微与海尔服务支持系统建立关系，为用户提供最佳服务。目前，海尔平台可链接到全球一流资源达 320 万户，注册用户 37 万户，平均每年产生创意超过 6000 个，开放的创新体系使得产品研发周期从原来的 18 个月减少到 3~6 个月，项目从创意孵化到引入 A 轮的成功率高达 48%，远高于社会上 10% 的水平。

（五）领域拓展

通过转型发展，海尔的经营范围正在无界延伸，加快从传统白色家电企业向无边界行业企业的转变。一是实现传统家电功能延伸。海尔利用创新平台优势，正在迅速推进传统家电的迭代升级，提高了产品附加值和竞争力。比如馨厨小微开发出互联网触摸屏贴在冰箱上，拓展了冰箱功能，成为家庭购物、做菜的好帮手。二是推进企业多领域发展。海尔利用平台优势，开发新产品、开展新业务，在家居家装、社区服务、餐饮美食、影院游戏、教育培训、牲畜养殖、城市交通等领域萌生出大量创业小微，大大拓展了企业发展空间。比如，快递柜小微已经入驻全国 1 万多个社区，不仅方便了居民快递件收发，还为居民提供家电维修以及绿色食品供给等服务。

二、海尔开展"双创"、转型发展效果显著

海尔开展"双创"、转型发展取得了显著效果，主要表现为以下几个方面：

一是企业步入以效益为中心的发展轨道。2015年，海尔集团实现全球营业额达到1887亿元，连续7年被世界权威机构评为大型家用电器品牌零售量全球第一。更为可喜的是企业效益快速增长，2015年实现利润180亿元，连续九年复合增长率达30%以上，是同期营业收入年复合增长率的5.5倍，表明企业发展步入高效益、高附加值的良性发展轨道。与此同时，海尔创业小微呈现爆发式增长态势，在180个创业小微中，超过100个小微年营业收入过亿元，23个小微引入风投，12个小微企业估值过亿元，具备创业板上市资格。

二是企业带来的社会效益十分突出。海尔在拓展经营领域过程中，坚持以解决百姓的"痛点"为出发点，不仅确保了产品适销对路有市场，更为关键的是给群众带来了方便，解决了不少关系国计民生的问题，补上了民生领域的短板。比如，海尔产业金融小微利用金融手段与国内优强肉牛养殖企业合作，培育优质牛种，发展养殖基地，在提高优质肉牛供给能力的同时，还实现了对湘西等贫困地区的精准扶贫。同时，海尔转型后，尽管企业在册员工减少了近一半，但为全社会提供的就业机会却快速增加，目前已超过了130万个。

三是企业的国际品牌效应进一步凸显。在激烈的国际市场竞争中，海尔已经成为在全球叫得响的中国品牌。通过转型发展，海尔在海外发展更是渐入佳境，扩张能力进一步增强。海尔通过并购日本三洋白色家电并引入创客小微机制后，亏损8年的三洋8个月就止亏盈利；海尔通过并购新西兰国宝级家电品牌斐雪派克扩大了全球影响力，2016年又进一步并购美国GE家电业务，被《华尔街日报》形容为创造了"中国惊喜"。据欧睿国际数据显示，中国家电海外销售额中品牌家电仅占

4%，而海尔在其中占了82%。

四是海尔模式在全球引起轰动。工业文明以来，企业管理上有两次革命性突破，一次是福特的流水线，一次是丰田看板管理。海尔"双创"模式有可能成为继福特模式和丰田模式之后的第三次革命性突破。海尔模式也引起全世界管理学界的关注，海尔互联网转型做法已成为哈佛大学等国际知名院校的教学案例，世界管理大师加里·哈默教授认为："现在海尔是全球先驱型公司中的执牛耳者，正在为后科层制时代和互联网时代重新塑造管理学的面貌。"欧洲被誉为"管理思想界奥斯卡奖"的Thinkers50的创始人也认为："海尔给员工极大的自由，来激发创业灵感，比西方企业更开放、自由和合作，不仅在中国而且在全世界创造了一个新模式。"

三、海尔开展"双创"、转型发展的主要经验

海尔转型发展能够取得成功，有四点经验值得重视。

（一）"执一不失"——坚持以质量和服务为基石的诚信文化

海尔的诚信文化是经过30多年深耕厚植传承下来的内在基因，也是海尔不断取得成功的根本原因。正是执一不失地传承"海尔基因"，海尔才能从一个濒临倒闭的小集体企业成长为全球白色家电第一品牌，并在互联网时代勇立全球创新潮头。调查中发现，在这一轮转型发展中，尽管众多创业小微千差万别，但都秉承了"质量第一""用户至上""真诚到永远"的海尔精神，找准用户"痛点"开拓市场，赢得用户"付薪"发展创业，表明"海尔基因"延展传承到了每一个创业小微，成为这些创业小微强大生命力和竞争力的动力源泉。

（二）"自以为非"——坚持创新变革和永不自满的创业精神

海尔身处竞争激烈的白色家电领域，先天拥有战战兢兢、如履薄冰

的危机意识。长期锤炼而成的永不自满、自以为非精神，激励海尔踏准时代节拍，不断自我完善、自我挑战、创新不止，始终先行一步抢占发展先机。海尔自以为非的精神不仅体现在企业从名牌战略、多元化战略、国际化战略、全球化品牌战略一直到网络化战略的创业发展过程中，更体现在实施网络化战略的每一个细节里。比如，海尔给创业小微设计的"对赌机制"，是以行业"引领目标"为标杆，达不到引领目标，或者换人，或者撤项目，这就倒逼员工时刻充满危机意识，从过去听话的"羊"，变为充满斗志的"狼"，迸发出无限活力和创造力，在市场中寻求商机，谋求生存。

（三）"活而不乱"——坚持战略引领、审慎有序的工作思路

海尔转型发展始终围绕集团战略展开，创业小微发展方向必须与集团发展方向相一致，有所为有所不为。海尔对创业小微的管理"形散神不散"，一方面将决策权、用人权、分配权"三权"完全下放；另一方面依据战略制定发展目标，通过对赌、强制跟投等机制，驱动创业小微自演进升级。另外，海尔在操作层面坚持审慎有序原则，做透样板、复制样板，分类分级、稳扎稳打，确保转型发展有序推进。

（四）"开放共赢"——坚持开放共享、共创共赢的全球资源利用战略

海尔搭建面向全球的开放式"双创"平台，整合了线上线下各类创新资源，形成了遍布全球的创新资源网络，吸引全球一流创新资源为我所用，形成了开放式的"共创共赢生态圈"，做到了"世界就是我的研发部"。同时，海尔的人才机制既开放又灵活，人才的使用不限于在册员工，还扩展到外部人才、在线资源，根据工作成果付费，实现共同创造、共同增值、共同盈利，做到了"全球人才为我所用"。

四、几点启示及建议

（一）海尔模式是"双创"的成功范例

海尔开展"双创"、转型发展的做法归结起来，就是借助互联网，实现企业功能平台化、企业组织微型化，鼓励内部员工和外部人员面对市场做创客，根据用户需求创新产品，建立创业小微，在海尔创业生态圈内汲取营养成长壮大，逐步发展成为行业引领企业。海尔转型发展的成功实践，说明"双创"符合互联网时代我国经济发展新阶段的客观实际，集战略方向性和实际可操作性于一身，是我国企业尤其是竞争行业企业生存发展、提升竞争力的必由之路，值得广大企业学习借鉴。

（二）海尔"双创"是企业推动供给侧结构性改革的一个样板

供给侧结构性改革的核心是创造有效供给满足用户需求，实现供给与需求的最佳匹配。"双创"就是供给侧结构性改革的重要组成部分和重要方式。海尔以市场需求和用户体验为出发点，将用户个性化需求与大规模定制有效结合，实现了生产的柔性化、高效率和即需即供，使需求和供给高度耦合，为用户提供高品质的产品和服务，同时将用户从被动的购买者转变为全流程参与的体验方，实现了生产端和需求端零距离结合，在不断挖掘用户需求的过程中创造市场，达到供给方与需求方皆大欢喜的效果，这无疑体现了供给侧结构性改革的核心要义。因此，海尔模式实际上是供给侧结构性改革的成功企业模式，值得推广。

（三）立足大企业推进"双创"可以做到事半功倍

"双创"目前已经在全国各地普遍展开，然而，个人或小微企业"单兵作战"面临成功率低、风险性高、科技成果不易转化、发展方向难以把握等问题，社会上一个项目从孵化到引入 A 轮的成功率一般只有 10%，进一步走到上市则只有 0.1% 的成功率，这无疑是"双创"发展的一大隐忧。海尔经验说明，依托大企业开展"双创"可以大大降低创客的创业风险，大企业成熟的技术支持、管理经验、人才和市场资源通过溢出效应形成"共创共赢的生态圈"，是小微企业初创和发展壮大的苗圃，可以大大提高项目孵化成功率，比如在海尔平台上项目从孵化到引入 A 轮的成功率达到 48%。可见，加快大企业互联网转型并带动全社会"双创"发展，是高效、灵活、安全的"双创"模式，值得重视。

（四）搭建开放式创新平台是推进"双创"的有效途径

海尔经验表明，良好的创新环境是转型成功的关键，海尔转型成为开放式创新平台和培育创业小微的苗圃，大大提高了创业创新项目成功率，这对于当前全国推进"双创"具有重要的借鉴意义。建议其他企业借鉴海尔经验，集中政策资源，利用互联网技术，从国家层面整合企业、高校、科研院所的创新资源，广泛推广以企业为主体、产学研结合的"双创"模式，搭建多层次、多领域、全球化的开放式"双创"平台，使创新网络中各个节点无缝连接、互动共享，把全国打造成孵化创业小微的大苗圃，提高创业创新效率和项目孵化产业化成功率。

（五）支持和鼓励海尔等国际知名品牌企业进一步做大做强非常必要

中国企业在国际市场上的知名品牌不多，尤其是位于世界前列的品牌企业更少，导致我国制造企业大多处于产业链的低端，在国际市场上大多扮演贴牌生产角色。海尔作为世界白色家电第一品牌企业，在品牌创立过程中经过了艰辛的努力并付出了巨大代价。海尔不仅是企业的象征，在一些国家已经成为中国的象征。为此，建议国家有关部门认真总结推广海尔"双创"的成功经验，进一步加大对品牌企业开展"双创"的支持力度，引导社会资源包括产能、技术、人才、资金等向其集聚，鼓励其兼并重组国内企业，形成海尔"航母编队"，带领更多中国企业共同走向世界,鼓励这些企业到国外并购企业,在海外融资、外汇审批、进出口服务等方面给予大力支持。

(六)海尔在开展"双创"、转型发展中遇到的政策性问题应予以高度重视

一是孵化出的企业上市难。比如生产游戏电脑的"雷神"公司已经成长到相当规模,按照现行规定,在与大企业主业相关联的情况下,在资本市场上市受到制约。二是跨区域发展受制。海尔在互联网背景下的"双创",为全国各地、甚至海外的公司和个人提供了服务,但政府传统的统计、税收、进出口等管理体制以区域为单元,严重制约跨区域发展。三是政府对企业涉及民生的服务支持不够。海尔孵化的快递柜小微能够为社区提供居家养老、农产品进社区、便民服务等,但与政府的相关政策不太合拍,企业推进难度大、成本高,致使这一惠民项目推进缓慢。四是宣传支持不够。国内学术界对海尔模式的研究重视不够,部分中介协会在评选诚信企业中对海尔这样的互联网创新型企业有失公允。对于上述问题,建议有关部门予以重视,按照简政放权、松绑减负、创造条件、积极支持的精神认真研究解决,为企业创新发展、进一步做大做强营造更好的环境。

(联合调研组成员:国务院研究室工交贸易司唐元,山东省政府研究室聂炳华,中共山东省委党校李芳,青岛市政府研究室李令建、李雅静。执笔:唐元、李芳、李雅静)

附件:

海尔创业小微的典型案例

案例之一:海尔免清洗洗衣机小微。创客们在互联网与用户交互中发现洗衣机内桶外壁存在容易藏污纳垢的问题,为此向全球征集解决方

案,通过全球超过500万名粉丝的交互,最终846位创客提交方案,通过11位创客竞争优选出免清洗洗衣机的创意,实现了从用户痛点到产品爆发点的跨越。之后,借助海尔开放创新平台,整合海尔全球五大研发中心资源并与中科院等机构专利分享,最终实现了免清洗洗衣机的问世,产品在市场上供不应求,依托这一产品产生了创客小微,提供创意的创客得到了相应的分享报酬。

案例之二:馨厨小微。馨厨小微将互联网与冰箱功能结合起来,首创了全球第一代互联网冰箱,借助一块触摸屏,冰箱成了互联网的入口,具备连接电商、娱乐、菜谱等功能,成为厨房场景下的生态系统,极大地便利了用户。目前已经有蜻蜓FM、本来生活、我买网等影音类、广告类、电商类等资源方主动和馨厨小微合作,入驻馨厨APP。

案例之三:雷神小微。"雷神"是海尔平台孵化并成长起来的游戏笔记本电脑品牌,已经成为独立运作的实体公司,业务范围从硬件逐步扩展至游戏电竞等领域,成为游戏玩家"一站式"的服务平台,B轮融资后估值达6亿元,2015年销售收入达到7亿元,2016年销售额达11亿元,成立仅两年销售量已排名同品类品牌第一,并进入青岛市百强企业。

案例之四:小帅影院小微。创意源于孕妇坐着看电视不方便,通过网络平台征集创意、整合全球资源,研发出可以躺着看电视的"小帅影院UFO"产品,目前实现了产业化生产,A轮融资后估值达到了2亿元。

案例之五:有住网小微。有住网是在海尔家居团队基础上发展起来的家庭装修企业,是行业内首个互联网家装平台。有住网小微抓住装修行业污染严重等百姓"痛点"问题,严把装修材料环保关,做到所有装修材料达到国家E1级环保标准,装修后实现零甲醛排放,同时推进家居智能化,从而得到广大用户认可,市场迅速打开,成为家装行业的引领企业。目前,有住网A轮估值达到5亿元,在互联网装修行业排名第一。

张瑞敏企业管理的核心思想及其体系

李　芳

培育名牌企业特别是创出著名世界品牌离不开企业家。企业家的管理思想决定着企业的发展方向和成败，影响着企业的未来。海尔集团从小到大、从弱到强；从不知名到创出著名世界品牌，并成为中国的一张名片，是在张瑞敏企业管理思想的引领下实现的。张瑞敏企业管理思想是极具价值的宝贵财富，正如欧洲被誉为"管理思想界奥斯卡奖"的Thinkers50的创始人指出的："海尔给员工极大的自由，来激发创业灵感，比西方企业更开放、自由和合作，不仅在中国而且在全世界创造了一个新模式。"世界管理大师加里·哈默教授也指出："现在海尔是全球先驱型公司中的执牛耳者，正在为后科层制时代和互联网时代重新塑造管理学的面貌。"

一、张瑞敏企业管理的核心思想

张瑞敏企业管理的核心思想是"以人为本"。因而，张瑞敏说："企业说到底就是人，管理说到底就是借力。"作为海尔的总设计师，张瑞敏将"以人为本"的管理哲学上升为"海尔精神"，使其内化于企业全体员工的价值观、行为准则和企业文化灵魂。

从需求端来说,"以人为本"即是以用户需求为本。因为坚持"以人为本",海尔才能在20世纪80年代就坚定地维护产品质量,并在产品质量的基础上以"真诚到永远"的理念为消费者提供优质服务。在互联网时代,从"以人为本"出发,以用户体验为中心,以百姓"痛点"为抓手,以解决老百姓关注的焦点问题为出发点和增长点,牢牢把握当前多变的个性化市场需求以及互联网时代消费习惯的改变。为适应个性化定制的时代需求,张瑞敏大胆地进行颠覆式的组织变革,以便将用户个性化体验需求与大规模定制相结合,在全世界率先完成了去中层的分布式组织改革。

从企业生产经营来说,"以人为本"就是以人的创造力为本,解放和释放每个员工的创造力和活力,使员工从被动执行者变为主动创业者,建立起高效的激发创新创业的激励机制。在互联网时代,通过"以人为本"促进人人创客的实现,保障企业与网络的充分融合,打破企业和产业的边界,使企业能够更为灵活地面对市场需求的新变化。因而,对于员工而言,企业不仅是提供工作的场所,更是实现自我价值的地方。张瑞敏将"以人为本"的管理思想贯穿管理过程,将海尔从生产企业转变为实现员工劳动能力全面发展的社会组织,实现了员工体力、智力的充分、自由、和谐的发展。通过"以人为本",海尔培育、汇聚、吸引了一批一流专业人才,通过"每个人都是自己的CEO"实现了各类人才的自我管理、自驱动和自演进,达到了激励与约束的协调。

二、张瑞敏企业管理思想体系

张瑞敏的企业管理思想体系可以概括为:围绕着"以人为本"的核心思想,分别包括战略思想(自以为非)、经营理念(执一不失)、组织构架(活而不乱)和衍生机制(独木成林)四个方面。其中,战略思想(自以为非)和经营理念(执一不失)体现了"变"与"不变"的辩证统一;组织构架(活而不乱)和衍生机制(独木成林)体现了"破"与"立"的辩证统一。

(一) 战略思想——自以为非

将企业发展同制定正确的战略紧密联系在一起，并在求变中实现企业发展战略的目标。在张瑞敏的带领下，海尔可谓亲历并见证了我国改革开放的每一个阶段，始终紧扣中国经济社会发展的时代脉搏，在求变中实现了对外部环境变迁的超强适应和预见能力。在张瑞敏的设计下，海尔经历了五大发展战略，分别是名牌战略（1984~1991年）、多元化战略（1991~1998年）、国际化战略（1998~2005年）、全球化品牌战略（2005~2012年），以及近年来确立的网络化战略。

在战略上不断求变，源于张瑞敏"自以为非"的否定之否定的哲学思想，他将其内化为每个员工的人生哲学，贯穿企业发展的始终。面对时代的变迁，张瑞敏认为："没有成功的企业，只有时代的企业"，所以始终"战战兢兢，如履薄冰"，不是"居安思危"，而是"居危思进"[1]。通过不断地自我否定、自我审视、自我颠覆、自我完善，张瑞敏在变中求胜。在20世纪80年代，我国刚刚摆脱短缺经济还没有树立强烈质量意识之时，张瑞敏通过砸不合格冰箱的举动表明海尔追求高品质的决心；在国际国内市场上国外品牌形成包围之势的情况下，海尔通过国际化和全球化品牌战略在世界市场树立起中国品牌；在我国传统产业步履维艰、面临转型难题之时，海尔主动"触网"，进行颠覆式的组织变革，以适应互联网时代的新挑战。

可见，"自以为非"并不是被动求变，而是自我演进、自我调整，使企业能够摆脱"成功悖论"和固有成功模式的僵化，始终保持市场活力，因而这种战略思想成为海尔持续创新的不竭动力。战略实施的关键在执行，张瑞敏通过"责、权、利"的向下授权，使"自以为非"的战略思想渗透到海尔的每个员工，每个员工在各自岗位上"自以为

---

[1] 参见张瑞敏：《海尔是海；张瑞敏随笔选录》，机械工业出版社2014年版。

非"和自我再造保证了企业的动态调整能力和战略贯彻能力，保证了全体员工都充满活力，从而保证了企业在世界市场的激烈角逐中永葆生机。

此外，"自以为非"也是张瑞敏不计个人得失，强调作为管理者应该以大局为重、目光长远的思想来源。

(二) 经营理念——执一不失

"执一不失，能君万物"① 体现了张瑞敏的坚持和一以贯之的"海尔精神"，是张瑞敏管理思想中一成不变的理念。在海尔的经营哲学中，"真诚到永远"体现了海尔自始至终对消费者的不变承诺，同时也是海尔在国内外市场上赢得客户忠诚度的制胜法宝。围绕着"真诚到永远"，张瑞敏带领海尔从紧随消费者的脚步到创造用户需求，再到满足用户全流程及时交互，从提供完美的产品和服务转向创造用户最佳生活体验，适应了互联网时代的新变化，也完成了企业管理者由企业家到创业家的转变②。

张瑞敏打造的"海尔精神"以"诚信"为根本，使海尔作为诞生于中国本土、成长于改革开放浪潮中的企业，一直保持正确的航向。在市场冲击价值体系的转型时代，海尔没有迷失在资本逐利的漩涡中，张瑞敏将"真诚、诚信"的经营原则和理念内嵌于企业文化之中，使得海尔以及全体员工以用户需求为出发点，瞄准百姓"痛点"提供产品和服务，从而能够解决百姓关注的民生和社会问题。因而，在"海尔精神"的引领下，张瑞敏和海尔员工成为怀抱理想、有创造力、有担当、负责任的社会企业家和创业者。同时，始终坚守"诚信"成为经营中利益攸关方相互合作、互换资源、信息共享的信任基础，也构成海尔在全球市场树立中国本土品牌以及在国内外兼并和重组过程中与客户、合

---

① 出自《管子·心术下》。
② 参见张瑞敏：《海尔是海；张瑞敏随笔选录》，机械工业出版社2014年版。

作者、竞争对手对话的基础。

始终坚持真诚、诚信的"海尔精神",执一不失,所以万物能为我所用。在这一经营理念下,海尔赢得了客户的忠诚、员工的忠诚、合作者的信任以及竞争对手的尊重。通过执一不失,海尔建立起机会均等、结果公平的经营体系和平台,高效整合了资源。正因如此,张瑞敏说:"世界就是我的研发部"。

可见,张瑞敏的战略思想(自以为非)和经营理念(执一不失)体现了"变"与"不变"的辩证统一。张瑞敏始终求变的出发点在于"永远为用户创造价值",因而战略上求"变"是为了保证"执一不失"中"海尔精神"的延续与传承。因而,"变"与"不变"内在统一于"以人为本"的核心思想中,既有原则性,又不失灵活性。

(三) 组织构架——活而不乱

在不同的历史阶段,海尔组织结构的演进历经了双螺旋模式、OEC管理模式、市场链管理模式、"人单合一"管理模式以及共创共赢的生态圈模式[①]。张瑞敏对海尔组织结构的构建始终围绕"活而不乱"进行。从海尔组织模式变迁可以看出,"活"就是不断根据市场环境的变化调整组织结构,保持组织活力,释放每个员工的积极性和创造力,避免组织僵化和固化。通过创造性破坏,不断进行组织创新,保持组织结构的动态优化。

在网络化时代,张瑞敏将海尔的组织构架调整为去中心化的分布式组织,完成了去科层制的组织变革,建立起企业无边界的共享共赢的生态圈模式。在信息化、碎片化时代,面对"传统的连续性被打破及传统结构消亡"[②],张瑞敏遵循组织演进的顺序和规律,将海尔搭建成一个开放式的平台,使得内部流程能够适应外部瞬息万变的市场,各创新主

---

① 参见曹迎锋:《海尔转型:人人都是CEO》,中信出版社2014年版。
② 参见张瑞敏:《海尔是海;张瑞敏随笔选录》,机械工业出版社2014年版。

体能够无缝连接，从而达到有效整合全球创新资源，并与用户零距离接触的境界。从"活而不乱"的组织管理思想出发，张瑞敏对海尔组织结构变迁的调整方向是网路化、系统化，逐渐构建起日益共享信息的开放系统，保证了组织作为社会有机体与社会环境之间的动态平衡。

既要保持组织活力和快速反应能力，又要保持组织演进的有序性，做到"活而不乱"。张瑞敏在开放系统中建立起"有序的非平衡结构"，而秩序的建立则依赖于开放体系内广泛的价值认同——"创造用户价值的认同"，全体员工以及开放系统内利益攸关方都以满足用户个性化、差异化的体验需求为目标和准则，使得松散的组织具有有效的约束和规范，再通过以用户为起点的逆向改造进行流程管理，实时纠正和调整组织秩序，确保组织的有序演进。

（四）衍生机制——独木成林

当前，海尔共创共赢的生态圈组织模式通过搭建平台孵化小微企业。这种开放式的系统，具有非线性、非均衡性、突变性等特征，因而内部衍生机制是系统协调运转的关键。对此，张瑞敏认为："小微的成长会有生生死死，但整个组织定是生生不息。"而组织的生生不息依靠小微再孵化小微的"独木成林"[1] 衍生机制来实现。张瑞敏在系统内建立起有差异的、非均衡的势能差状态，通过这一机制识别出优质资源，淘汰不能满足用户个性化需求的小微企业。存留下来的达到行业引领目标的小微企业在发展壮大的基础上则进一步孵化自己的小微企业，形成小微生态圈。这种小微孵化小微的衍生机制确保了海尔平台孵化的小微企业不会再发展成科层制的僵化组织，而是继续发展为开放式的衍生系统。"独木成林"的衍生机制是组织进行新陈代谢的根本机制。从整个组织形态的层面来看，是保持组织与外界环境进行能量、信息、资源交

---

[1] "独木成林"是榕树的生长特点，多年生的榕树，树枝上又长出很多气根，扎入土中，又成树干，故一棵榕树便可成为一片树林。

换的关键。

组织构架（活而不乱）和衍生机制（独木成林）体现出的"破"与"立"是辩证统一、有机结合的。"破"是通过打散原有组织框架的颠覆式变革将企业从封闭的科层制组织转变为开放式的创新创业平台，构建起包含各利益相关方的自演进的生态系统[①]。而"立"则是培育出生态系统演进过程中的动力机制和演进秩序。利用"破"获得没有限制的、迭代式的增长；通过"立"建立起规则和约束，保证系统衍生与社会发展的协调、共生。"破"与"立"同样统一于"以人为本"的核心思想中。

作者单位：中共山东省委党校

---

① 参见张瑞敏：《海尔是海；张瑞敏随笔选录》，机械工业出版社2014年版。

山东省推动品牌建设的成效探讨

王吉刚

长期以来,山东重视推动品牌建设,积极实施品牌战略,陆续出台了一系列政策措施,"十三五"规划纲要中更将"强化质量品牌引领作用"作为产业调控引导的第一条政策工具,在农业、制造业、服务业等领域培育出一批标杆企业,形成了一批知名品牌。当然这些好的品牌是企业在市场上拼搏出来的。实施品牌战略,有效提升了产品的市场竞争力,培育出产业竞争新优势,带动着产业的演进升级,培育出新的经济增长点,推动着山东经济由大到强的转变。

一、商标和名牌产品培育工作实现新突破

实行质量强省和品牌强省战略,推进了商标培育工作不断实现新突破,2015年全省商标注册量实现突破性增长,新注册量、有效总量双创历史新高,全年新注册商标10.9万件。截至2015年底,全省有效注册商标超过50万件;全省马德里国际注册商标累计1040件,比2010年底增长102.7%。2016年全省新增驰名商标21件,地理标志商标28件,新认定著名商标345件,新核准注册商标10.9万件;主导制定国际标准71项,主导制定国家标准1054项。2016年建成全国知名品牌创建

示范区 10 个，创国家地理标志保护产品 63 个、山东名牌产品 1784 个（比上年增加 288 个）、山东省服务名牌 352 个（比上年增加 149 个）。

二、促进了产业结构的优化调整

在全省上下通过树立品牌经济意识，做大做强品牌经济，带动绿色发展、可持续发展，进而促进了全省三次产业的协调发展、演进升级。三次产业比例由 2012 年的 8.6∶51.4∶40.0 调整为 2016 年的 7.3∶45.4∶47.3，实现了由"二三一"向"三二一"的历史性转变。

一是农业品牌建设促进了农业增产提质增效。山东形成的主要农业品牌包括：登海玉米种、寿光蔬菜、莱阳梨、金乡大蒜、马家沟芹菜、大泽山葡萄、红岛蛤蜊、胶州大白菜、苍山大蒜、昌乐西瓜、烟台苹果、阳信鸭梨、章丘大葱、沾化冬枣、乐陵小枣、日照绿茶等。发展农业品牌也推动了农林牧渔业平稳发展，如 2016 年农业增加值 2329.9 亿元，比上年增长 2.8%；林业增加值 75.5 亿元，增长 4.1%；牧业增加值 946.7 亿元，增长 7.7%；渔业增加值 771.2 亿元，增长 4.9%。主要农产品质优量增，粮食总产量达 4511.4 万吨，比上年增长 1.9%，连续 10 年增产；农产品质量安全水平进一步提升，果、菜、茶标准化基地总面积达 219.3 万公顷，无公害产地认定面积 121.5 万公顷，绿色食品原料产地环境监测面积 62.5 万公顷，"三品一标"（无公害农产品、绿色食品、有机农产品和农产品地理标志）产品 5740 个，新认证登记 1615 个。

二是名牌带动了产业的转型升级。山东省企业在培育品牌方面的投入逐年递增，从 2012～2014 年 3 年的投入分别为 57 亿元、65 亿元和 86 亿元。名牌企业拥有高新企业称号的数量 561 家，约占总数的 49.9%，名牌产品生产企业对全省高新技术产业发展发挥了主导性作用；同时，推动着山东省企业从生产型向生产服务型转变并延长了产业链，如家电产业围绕着像海尔、海信这样的名牌企业不断延伸产业链和价值链，在青岛为海尔配套生产企业达 300 多家，其中还有许多国外公司为适应海尔配套要求将研发中心转移到青岛。再如，在汽车产业，围绕着中国重型汽车和东岳、福田、五征汽车等整车生产进行配套，带动了山东省汽车发动机、活塞、车桥、刹车片、汽车散热器、轮胎等一批配套行业的兴起与发展，并形成了诸如潍柴、滨州活塞、金麒麟刹车片、双星轮胎、三角轮胎等一大批汽车零部件名牌产品，同时也推动了山东省汽车产品质量的迅速提升和汽车产业的快速发展。与此同时，形成的品牌标杆企业还注重探索发展新模式，在推动产业转型升级中发挥了示范带头作用。如海尔集团顺应互联网时代零距离、分布式、去中心化的特点，颠覆了传统企业体制，压缩中间管理层级，将企业从金字塔式科层组织重塑为以创业小微为基本单元的节点组织，发展开放的创业平台，聚合全球一流资源为创客创业提供全流程服务支持，加速将全球用户的个性化需求变为现实，为互联网时代传统产业转型发展探索出一条新路径。

三是创出了一大批服务名牌，从行业分布数量看，信息、金融、交通和商务服务等生产性服务业达 200 多个，文化、餐饮等生活性服务业达 120 多个，水电热、社会等公共服务业达 80 多个。生产性服务业数量占总数的 50%，主导地位明显，体现出品牌建设在推动服务业发展、促进产业结构演进升级和经济发展方式的根本性转变方面的巨大促进作用。

四是创出了一批名牌出口企业，对出口企业的"山东省重点培育和发展的国际知名品牌"每 3 年评选一次，2014~2016 年已有 252 个重点培育和发展的国际知名品牌，这些企业必将带动山东企业进一步实施"走出去"发展战略，进一步拓展山东省对外开放的广度和深度，提升在国际市场的影响力和竞争力。

三、名牌企业对经济快速持续增长的拉动作用明显

名牌企业在促进山东省经济快速持续增长中的引擎作用十分突出，

对经济发展的贡献率日趋提高。名牌企业通常具有人才、管理、技术、研发等优势，并依托名牌产品所具有的较强的市场开拓能力、规模扩张能力，进而成为新的经济增长点。如山东省 38912 家规模以上工业企业中，山东名牌产品企业数量 1123 家，虽然仅占总数的 2.88%，但其资产、销售收入、利润总额分别占 33.03%、15.45% 和 14.90%。2014 年山东企业 100 强资产总额达到 48446.22 亿元，同比增长 20.30%；营业收入总规模达 44158.97 亿元，同比增长 15.86%；利润总额达到 1659.84 亿元，同比增长 31.45%，对全省经济增长的带动作用十分明显。尤其是海尔集团 2015 年实现全球营业额达到 1887 亿元，实现利润 180 亿元，连续 7 年被世界权威机构评为大型家用电器品牌零售量全球第一，同时带动了 300 多家相关配套企业的聚集发展，其自身的海尔创业小微也呈现爆发式增长态势，在 180 个创业小微中，超过 100 个小微企业年营业收入过亿元，23 个小微企业引入风投，12 个小微企业估值过亿元，具备创业板上市资格。可见，名牌企业在经济新常态下已成为拉动经济增长的新引擎。

四、加快了区域品牌建设，推动着区域经济快速增长

山东具有独特的区位优势，人文历史和自然资源丰富，并拥有良好的产业基础。山东省各级政府重视引导企业将资源优势转化为产品优势，进而将产品优势转化为品牌优势，依靠品牌优势带动区域经济的增长，为此开展了知名品牌示范区创建、质量强市（县、区）、农产品地理标志认证、出口农产品质量安全示范区建设、国家级服务标准化示范区创建、文化产业园区建设等活动，获全国知名品牌创建示范区 10 个；2009 年在全省开展了优质产品生产基地创建工作，到 2014 年山东省优质产品生产基地创建工作创新性扩展到农业、生产性服务业，2016 年全省优质产品生产基地达 51 个；已建成国家级农业标准化示范县 14 个，出口农产品质量安全示范县 32 个，入选"中国农产品区域公用品

牌百强"33个，认定无公害农产品、有机农产品、绿色食品和农产品地理标志等"三品一标"品牌6169个。这些活动还带动了青岛黄岛家电、临沭复合肥等产业集群的发展；扩大了烟台苹果、寿光蔬菜、章丘大葱等传统区域品牌的市场知名度。为推动农业、科技服务等产业区域品牌建设，山东计划"十三五"产值过千亿元集群达到20个，使其成为创新平台、科技人才、产业技术创新联盟、科技服务业的聚集地。

五、品牌建设展示和提升了山东形象

山东省政府始终重视品牌建设，2016年还召开了山东省品牌建设大会，积极推进品牌强省战略，并实行品牌建设与品牌宣传推广的紧密结合，特别是整合资源打造和推介"好客山东""好品山东""厚道儒商"等品牌，为山东品牌走向全国、走向世界创造了条件，奠定了良好基础。其中以"好客山东"为母品牌，既实现对旅游资源的全面整合，又形成对资本、人才的吸引和集聚，并通过"标准化"带动了山东旅游、景区、饭店、演艺业的规模化、集团化、集群化、带状化的快速健康发展，进而以旅游品牌带动城市品牌，带动了十七个城市和数十个县（市、区）的地域品牌建设，如形成了"泉城济南""亲情沂蒙""好运荣成"等地域品牌体系、旅游景区品牌体系、旅游要素品牌体系、节事活动品牌体系，获得了良好的经济效益，"好客山东"的品牌价值已达170亿元；同时，也获得了良好的社会效益，"好客山东"迅速叫响全国，以"热情、诚实、豪放、尚义"的鲜明个性传递特色化、国际化的现代形象与文化意识，增强山东旅游形象的社会认知度，也逐渐呼唤起更多更强烈的对民族文化的认同、求知与探索追求，从而形成拉动综合消费的强大引擎。

作者单位：中共莱州市委党校

推进山东建设名牌强省的探索

迟树功

山东建设名牌强省是建设经济文化强省的必然选择，是优化供给侧结构、培育企业在国内外市场竞争优势、提高名牌经济在地区生产总值中的占比、助推山东省提前实现全面建成小康社会和现代化目标的必由之路。抓住名牌经济建设就是抓住了山东省经济工作的"牛鼻子"。

一、山东建设名牌强省面临的主要问题

山东建设名牌强省应着力解决以下主要问题：

（一）培育名牌需提升对核心竞争力的认识

通过对山东省东西部地区的调查发现，大中型企业普遍重视规模的扩张，过度重视企业销售收入，而对培育企业核心竞争力的认识并未真正到位。在对大中型企业高管的问卷中发现，企业高管多数对核心竞争力做不出正确的回答。这也意味着不懂得什么是核心竞争力，也就培育不出企业核心竞争力，也就难以培育出由核心竞争力支撑的知名品牌。

（二）投入机制不完善制约着研发投入的增长，不利于知识、技术和经验的积累，也不利于持续性技术创新能力的提升，以致影响着品牌培育

调查中发现，30%多的大企业、68%的中型企业存在研发投入不足的问题。从全省看，2009~2014年规模以上工业企业R&D经费投入分别为375.91亿元、589.24亿元、743.14亿元、905.6亿元、1052.81亿元、1175.55亿元，实现R&D投入连年持续增长，但其投入的增长速度有减弱趋势。

还应看到，在规模以上工业企业R&D投入方面山东省与江苏、广东存在着差距，如2014年山东省为1175.55亿元，江苏、广东分别为1376.54亿元、1375.29亿元，而且表现出趋势性差距。

（三）影响品牌培育的创新能力不足

培育品牌需要技术创新能力发挥核心支撑作用，而衡量地区自主创新能力主要看拥有自主知识产权状况，这从企业发明专利状况可以看出。自2008~2013年，山东规模以上工业企业专利申请数在发展速度方面高于广东，但与江苏差距较大，山东年均增长率为22.9%，广东为19.93%，江苏高达33.69%。

从规模以上工业企业新产品开发项目看，2013年山东、江苏和广东分别为31100项、58353项、47387项，新产品销售收入分别为14284.2亿元、19714.2亿元、18013.7亿元。这反映出规模以上工业企业发明专利多的江苏和广东，所获开发新产品的能力也强，实现的新产品销售收入也高，能形成更强的经济发展后劲。

（四）山东在中国世界名牌产品数量方面与广东存在一定差距

分析表明，GDP排名靠前的省份与其拥有的中国名牌数量的排名是基本重合的。山东在中国世界名牌产品数量方面低于广东，中国2000

年开始实施名牌战略以来,到 2007 年共表彰了 10 个中国世界名牌产品,其中广东占 4 个,山东占 2 个,江苏占 2 个。目前在世界品牌 500 强中,山东入选的品牌主要为传统制造业品牌,广东多为战略性新兴产业品牌,而且广东所占数量多于山东。2016 年《世界品牌 500 强》排行榜中国有 36 个品牌入选,在中国入围百强的品牌中山东只有 1 个,而广东拥有 2 个,表明山东与广东在培育世界名牌方面有一定差距。

(五) 名牌多局限为传统产业

从 2015 年"中国最具价值品牌 500 强"品牌的行业分布看,山东省在家电、食品、机械、冶金、化工、纺织等传统制造业的品牌有一定优势,在医药、通信等新兴产业没有明显优势,金融、旅游、物流、餐饮、酒店等服务业无品牌上榜,而从 2016 年"中国最具价值品牌 500 强"品牌的行业分布看,山东省的这一状况并没有明显改变。

二、推进山东建设名牌强省的对策建议

推动山东建设名牌强省,应采取以下措施:

(一) 要确立建设名牌强省的新战略,把建设名牌强省作为经济文化强省建设的重要突破口和战略支撑点

现代市场经济是品牌经济,现代市场竞争是品牌的竞争,培育出名牌竞争优势也就拥有了供给侧优势,也才会持久地吸引消费、引领消费。因此,山东省应制定名牌强省新战略,把建设名牌强省作为经济文化强省建设的重要突破口和战略支撑点。

(二) 抓好顶层设计,制定建设名牌强省的中长期规划,用中长期规划引领全省的名牌建设

名牌强省建设应纳入山东省"十三五"规划。名牌建设的中长期

规划应明确山东名牌建设的总体思路、总目标、名牌体系（农业名牌、制造业名牌、建筑业名牌、服务业名牌、战略性新兴产业名牌；中国名牌、国际名牌；产业低端名牌、产业中高端名牌；价值链低端名牌、价值链中高端名牌等）、名牌建设的重点（先进制造业名牌、战略性新兴产业名牌、产业中高端名牌、智造名牌等，以及根据基础条件分批次筛选应重点培育的中国名牌、世界名牌）和步骤、支持名牌建设的重大举措等。

（三）建设名牌强省的视野应把培育国际名牌放在重中之重

建设国际名牌不是一朝一夕就能实现，通常需要 8~10 年，甚至十几年。山东企业打造国际名牌要实施分步走战略：一要坚持产品标准的国际化。高质量的产品是获取国际市场认可和国外消费者信任的关键。企业制定的产品质量标准不仅要达到国际标准，甚至应超过国际标准，以及产品应争取获得国际质量管理体系和产品质量保证体系的认证。二是重视在国外注册商标，实现商标的国际化。三是学会到国际资本市场融资，把山东名牌带到国际投资者面前，并借助国际投资者推广名牌。四是敢于和善于到国外去建立研发体系和市场营销网络，树立山东名牌在国外政府、经销商和消费者心中的良好形象。

（四）建立与完善培育名牌的综合投入机制

山东省培育国内外名牌首要的是建立综合投入机制。（1）要制定人才资源开发计划。调查中发现有 20% 多的大企业、74% 的中型企业感到有缺乏高素质人才的压力。因此，要重点推进企业形成用于提高职工整体素质的基金；建立各具特色的企业培训中心；建立山东省服务于名牌建设的人才引进平台；充分发挥高校和科研单位的作用，培养一批从事名牌研究、名牌评价的专业技术人才。（2）建立企业研发投入机制。主要包括研发投入的资金增长机制、融资成长机制和风险控制机制，以此提升研发经费投入强度，并力争在"十三五"期间的研发经费投入强度超过2.5%。(3) 要鼓励企业建立服务于名牌产品培育的研发中心，并扶持有条件的企业建立省级或国家级重点实验室。

(五) 在全省展开创著名品牌的企业家培训计划

山东省培育系列国内外名牌，建立具有名牌意识的高素质企业家队伍是重要保证。应考虑由省质检局牵头，在全省集中组织培训与地市分散培训相结合的方式开展大规模的培训活动。在全省集中培训，应聘请国内外专家、创出国内外名牌的优秀企业家共同授课，以获取好的培训效果。还可考虑在市县、乡镇建立创名牌产品服务站，对当地企业、农村经济组织和管理者进行必要的辅导和引导。

(六) 加大政府的扶持力度，建立促进名牌企业发展的政策体系

创造充分的竞争环境，有利于企业自觉通过培育名牌参与市场竞争；同时，政府的扶持也必不可少。山东省应尽快建立全省名牌数据库；对省级以上名牌企业加大财政资金的扶持力度，省财政每年可安排专项资金支持和激励名牌建设，尤其重点用于企业名牌的认定工作、企业名牌建设的奖励、名牌企业和名牌产品的宣传推广、人才培养和引进等；在金融政策的扶持方面，应强化名牌企业融资保障，对获得省级以上名牌荣誉称号的企业，在发展项目贷款方面可优先安排财政贴息资金，对品牌企业科技创新和专利技术成果转化项目给予资金补助，以及鼓励银行、保险等金融机构加大对名牌企业的扶持力度，应设立融资的绿色通道，特别是将名牌企业优先纳入上市重点培育对象和资助范围，积极扶持其优先上市。在其他扶持政策方面，对名牌产品生产企业科研立项、技改、先进技术设备的引进、各类工程招投标加分、制定名牌企业产品的政府采购目录、引导本省名牌企业参与国内外大企业协作配套及进入国内外大公司和企业集团的产业链或采购系统等给予重点扶持；还应将名牌培育创建工作列入全省科学发展综合考核体系，用制度和机制推动全省深入持久地开展名牌创建工作。

（七）服务于建设名牌强省，山东应考虑在济南开设"中国名牌展销会"

通过"中国名牌展销会"在吸引国内外经销商、消费者来济南参会、观光的同时，也带动山东名牌进一步走向全国和世界。

（八）山东省应设立"山东著名品牌奖"

对创出中国知名品牌特别是国际名牌的企业和组织进行奖励；可考虑每2年评选一次，以发挥出应有的引导和激励作用。

（九）政府在知识产权保护方面应给予必要的支持和激励

要用法律法规保护和推进名牌经济的发展，在省内应制定促进名牌经济发展条例。

总之，山东省名牌建设应围绕全省转变经济发展方式这条主线，调整优化经济结构，自觉融入"一带一路"发展战略，深入实施质量强省和名牌强省战略，以顶层设计为导向，以多种政策推动为引力，以企业培育名牌为主体，以法律法规为保障，有重点、分步骤培育一批名牌企业、示范园区，打造一批在国内外市场有影响力、知名度和竞争力的山东品牌群，带动山东经济的转型升级，培育出新的经济增长点，助推山东经济又好又快发展。

作者单位：中共山东省委党校

品牌建设的"烟台样本"

王占益

品牌是企业、城市竞争力的综合体现。烟台市始终高度重视品牌建设工作,把质量和品牌作为城市发展的重要内涵,重点围绕促进城市科学发展和转型发展,坚定不移地实施"品质烟台"品牌战略,把品牌战略作为推进供给侧结构性改革、打造区域公共品牌、引领产业转型升级、实现可持续发展的重要抓手,建立健全政策环境、培育保护、宣传推介等工作体制机制,形成了"政府主导、企业主体、部门合力"的品牌建设格局。全市名牌规模和等级实现大幅度的提高,产品质量水平有了稳步提升。截至目前,全市工业领域已培育出山东名牌产品202个,省长质量奖5个,中国驰名商标91件,地理标志证明商标43件;农业领域,培植出中国名牌农产品12个,山东名牌农产品50个,国家级蔬菜、水果示范园达到46个;建筑工程领域,2015年全市共创建"国家优质工程"2个;服务业领域,培育国家级服务标准化示范项目2个,省级服务标准化示范项目4个,山东省服务名牌79个。此外,全市还拥有"中华老字号"6个、"山东老字号"1个。蓬莱"全国海滨度假旅游产业知名品牌创建示范区"顺利通过验收,品牌战略成效斐然。

一、烟台推动品牌建设的举措

烟台推动品牌建设采取了以下举措：

（一）建立与完善机制，发挥政府引导作用

1. 成立了以分管市长为组长、市质监局等32个部门领导为成员的市质量强市及名牌战略推进工作领导小组，加强对品牌建设工作的组织领导，并建立健全工作协调机制，统筹推进品牌工作的开展。

2. 烟台市人民政府出台了《关于贯彻落实鲁政发（2012）30号文件加强质量强市建设的意见》《关于在全市深入实施名牌战略的意见》《关于加强引进培育国际知名品牌工作的意见》等一系列配套文件，从品牌发展规划、推进措施、政策激励、任务目标等方面引导全市品牌建设工作的有序健康发展。

3. 发挥示范带动作用。自2010年开始设立烟台市市长质量奖，已连续评审6届，全市有45家企业和10名个人获得表彰奖励，涉及产品、工程、服务各领域，在引领全市企业品牌建设上台阶、上水平方面起到了良好的示范带动作用。充分发挥标准化在品牌创建工作中的创新引领作用，引导激励全市企业参与400项国家标准、370项行业标准的制修订，积极抢占行业话语权。

4. 建立品牌考核体系。将品牌培育创建工作列入全市科学发展综合考核体系，逐年加大考核比重，不断提高各级各部门参与品牌建设的主动性，各级各部门参与品牌建设的积极性不断提高，力度持续加大。

（二）明确企业地位，发挥主体作用

1. 强化企业主体地位。充分调动和发挥企业在品牌建设过程中的积极性和创造性，多措并举不断夯实企业品牌建设的基础。定期举办企业家培训、品牌经理专业培训，引领企业在质量管理方面上台阶、上水平。在企业积极推广应用先进管理方法和先进标准，健全质量管理体系，提高产品的稳定性、可靠性，多出优品、打造精品。坚持把技术创新作为提高质量的重要途径，促进企业品种更新和质量提升。高度重视企业劳动者技能素质，广泛开展质量对比等群众性质量活动，全面提高企业质量管理水平。

2. 引导企业依靠核心技术开展品牌创建。万华化学凭借获得国家科技进步一等奖，中国唯一一家拥有 MDI 制造技术自主知识产权的企业等诸多荣誉获得"省长质量奖"，成为欧洲最大的 TDI 供应商、亚太地区最大的 MDI 供应商，万华产品被誉为"标准溶液"，处于行业领导地位。"市长质量奖"企业中集来福士拥有 80%～100% 知识产权的产品以及几百项的专利，是国内唯一具备批量建造半潜式钻井平台的企业，并于 2015 年牵头承担了国产化《第七代超深水钻井平台（船）》创新专项，这是国家首次将船海类重大专项委托给两船集团以外的企业，也是山东省首次承担的国家级重大专项任务。"山东名牌"持久钟表虽为中小企业，却先后参与了国家 5 个领域的标准制定，产品国内综合市场占有率达到 80% 以上。

3. 推动企业凭借优良品质打造知名品牌。全国最大的葡萄酒生产经营企业张裕集团、国内最大的花生油生产企业鲁花集团、亚洲最大的果胶加工基地北方安得利等企业通过强化全员质量意识，加强质量管理，持续提升产品品质，完善售后服务，品牌赢得了用户的信赖。烟建集团、飞龙建筑、中昌开发等企业牢固树立质量"零缺陷"理念和精品意识，坚持"建一项工程、树一座丰碑"，以优质精品工程打造市场信任的品牌。烟台港集团、振华集团、蓬莱阁旅游等企业把客户体验作为衡量服务质量好坏的唯一标准，持续提升服务规范化、标准化水平，获得了较好的口碑。

4. 支持有条件的企业建立国家级、省级科技创新平台，不断提升企业的品牌支撑能力。目前，全市共有 1 个国家级重点实验室、5 个国家级工程技术研究中心、20 个国家级企业技术中心；省级工程技术研究中心、企业技术中心分别达到 83 家和 98 家，省企业院士工作站 25 家。同时，大力倡导品牌企业在行业内推广新进的生产经验和管理方法，将优秀经验和做法向产业链及两端延伸，推动全市产业水平和产业层次不断优化提升。

（三）强化培训，厚植人才资源

着眼提升品牌创建能力和水平，在全市范围内分层次有重点开展培训。2016 年 7 月以来，全市组织品牌培训 17 次，参训人员 4500 余人次，涉及商标品牌、林业品牌培育、营销与推广、苹果区域品牌战略规划、进口预包装食品标准等方面。其中，邀请国家标准委、认监委在烟台免费举办国际标准化、认证认可知识培训班，促进烟台企业与国际规则接轨，推动企业"走出去"。承办全省中小企业质量品牌提升培训班，举办两期企业质量品牌提升培训，帮助企业改善经营管理，提升竞争能力；承办全省民政标准化试点单位培训班，在公共服务领域推进标准化工作；组织县（市、区）基层人员赴中国计量大学进行了专题培训。通过密集而专业的培训和学习，有效强化了各级各部门的品牌意识，提升了企业主体意识和主动创牌的积极性，品牌建设的基层基础持续巩固。

（四）广泛宣传，营造良好氛围

充分利用电视台、电台、报刊、网络等新闻媒体开展宣传。在市级媒体集中开展"激扬澎湃新动力——烟台创新型企业巡礼"宣传活动；在《烟台日报》开设了省长质量奖和市长质量奖获奖企业风采展示专栏，专版宣传获奖企业先进经验与做法；在《烟台晚报》等媒体开设《创业在烟台》《效益开窍》《形象》等专栏，高密度推广了 20 余个典型企业；在全市公交站点设立了品牌建设宣传栏。在此基础上，还与《中国日报》《中国质量报》《中国品牌》、中国香港《大公报》等媒体深度合作，聚焦企业品牌建设和创新发展实践，突出成果成效和发展经验等，推出了一系列专题宣传，有效提升了全民质量意识，扩大了品牌建设影响力。

二、推进品牌建设的经验

烟台市推进品牌建设取得了许多经验，其中主要有以下经验：

（一）坚持政府引导和企业主导合力推进

1. 强化政府引导作用。根据上级要求和烟台实际，先后出台了《关于开展质量兴市暨实施名牌战略活动的意见》《关于在全市深入实施名牌战略的意见》《2016年推进商标战略工作实施方案》和《关于加强引进培育国际知名品牌工作的意见》等20多个政策文件，有效加强了品牌建设的引导和扶持。市级财政累计拿出6000余万元，对质量工作突出、品牌建设成效显著的企业进行奖励，有效提高了企业自主创建品牌的动力。

2. 注重发挥企业的主导作用。企业不断强化品牌意识，科学制定品牌战略，建立与完善管理体系。积极推广应用先进生产管理模式和方法，涌现出了张裕、杰瑞、冰轮、龙大、喜旺、威龙等一批优势品牌，在全市起到了良好的示范带动作用。注重将自主创新、标准引领作为品牌建设的核心来推动，全市企业参与制修订国家标准370项、行业标准400项；建有国家级重点实验室、国家级工程技术研究中心、国家级企业技术中心，以及省级工程技术研究中心、企业技术中心等，为品牌创建提供了强大的平台支撑。

（二）坚持品牌扩量与提质共同发力

1. 注重品牌的宽领域、广覆盖。在各领域有计划、有重点地选出一批标杆企业、示范样板，努力让更多"烟台制造"走出中国、走向世界。农业领域，争创了27个中国驰名商标、33个国家地理标志证明商标、16个国家农产品地理标志，5家苹果供应企业获得"国家生态原产地保护"证书。工业领域，争创了173个山东名牌产品、10个省长质量奖和提名奖。工程领域，先后获得鲁班奖7个、国优工程15个、泰山杯工程128个，培育5个省级建筑工业化示范基地。服务业领域，先后引进了7家国际品牌酒店，获得省服务名牌79个、省旅游服务名牌21个，培育国家级服务标准化示范项目2个、省级示范项目7个、A级旅游景区75家。

2. 重视科技创新和质量提升，深化品牌建设内涵。引导企业研发具有市场竞争力的核心技术，培育具有较高市场占有率和市场价值的强势品牌。目前，烟台万华是中国唯一拥有MDI制造技术自主知识产权企业，成为欧洲最大的TDI供应商、亚太地区最大的MDI供应商，产品被誉为"标准溶液"，获得国家科技进步一等奖、"省长质量奖"等诸多荣誉。中集来福士是国内唯一具备批量建造半潜式钻井平台的企业，拥有几百项的专利。"山东名牌"持久钟表，先后参与制定了5项国家标准，产品国内综合市场占有率达到80%以上。同时，推动企业凭借优良品质打造知名品牌。通过强化全员质量意识，加强质量管理，持续提升产品品质，完善售后服务，赢得了用户信赖。如今，张裕集团已成为亚洲最大的葡萄酒企业，鲁花集团成为国内最大的花生油生产企业。烟建集团、飞龙集团等建筑企业牢固树立"零缺陷"质量理念，以精品工程受到广泛认可。烟台港集团、振华集团、蓬莱阁旅游等服务业企业把客户体验作为衡量服务质量好坏的唯一标准，持续提升服务规范化、标准化水平，获得了较好的口碑。

（三）坚持单一品牌与区域品牌协同发展

1. 坚持以点带面，形成品牌聚集高地。结合烟台市产业布局和产业结构调整，聚焦全市支柱产业和战略新兴产业重点发力，先后争创了烟台海参、烟台苹果、莱阳梨等8个国家地理标志保护产品，创建了烟台葡萄酒、烟台汽车及零部件、龙口铝材等6个省优质产品生产基地和蓬莱全国海滨度假旅游产业知名品牌示范区，以点带面逐渐形成品牌聚集高地，打造出拉动经济增长的新引擎。截至目前，烟台葡萄酒产业集群生产企业达153家，拥有中国驰名商标8件、省名牌产品10个、省著名商标16件和省长质量奖2个，有效带动了136家包装、机械配套企业。烟台苹果种植面积达266万亩，年产量500万吨，年出口量60万吨，占全国苹果总出口量的60%，继2015年首次打入美国市场，今年又成为直供G20杭州峰会唯一品牌，连续8年蝉联中国农产品区域公用品牌果业第一品牌。烟台葡萄酒、烟台苹果分别以896.4亿元、438.13亿元荣登2015年中国区域品牌价值评价前十名榜单，烟台成为全国唯一一个拥有两个产品上榜的地市。龙口粉丝被认定为首批中国欧盟"10+10"地理标志国际互认产品，成为目前我国仅有的10个与欧盟实现互认的产品之一。汽车及零部件生产基地作为千亿级产业集群，相关企业达900余家，从业人员超过19万人。

2. 推动区域品牌集群的创建。烟台市品牌建设的工作重心正逐步由单一品牌争创向区域品牌集群方向过渡推动。依托产业优势，先后创建了烟台葡萄酒、烟台汽车及零部件、蓬莱造船及配套产品、莱州石材制品、龙口铝及铝制品、龙口粉丝等6个山东省优质产品生产基地，带动了相关产业集群化发展。全市葡萄酒行业共拥有3个中国名牌产品、8件中国驰名商标、10个山东省名牌产品、16件山东省著名商标和2个山东省省长质量奖。2015年实现产量33万千升、主营业务收入228亿元、利润30亿元，分别占全国的30%、50%和60%。烟台汽车及零部件生产基地已成为全市继手机电脑产业集群、黄金产业集群之后第三个年营业收入超过千亿元人民币的产业集群，汽车产量占全省近1/3。不仅如此，带有地域特色的品牌建设成效明显。烟台海参、烟台苹果、烟台葡萄酒、莱阳梨等8个产品成为国家地理标志保护产品。

在此基础上，坚持立足单一兼顾全局的发展理念，着力打造城市区域整体品牌，已连续四届获得全国文明城市、连续六届获得全国社会管理综合治理优秀城市，先后获得中国优秀旅游城市、国家环境保护模范城市、国家森林城市、全国质量工作先进集体、国家商标战略实施示范城市、山东省实施名牌战略质量兴市工作先进单位等荣誉,目前已获批创建全国质量强市示范城市。

(四)坚持建设、宣传与保护并重

1. 加强标准化建设。推动建立品牌标准支撑体系,发挥标准在品牌建设中的支撑保障作用。鼓励行业主管部门、行业组织、龙头企业、科研院所等,主导或参与编制修订国际、国家、行业标准,研究制定品牌建设指导标准,推动品牌建设规范化。积极推进服务业标准化试点,引导企业开展服务业标准化示范点建设。

2. 加大宣传力度。把品牌宣传纳入城市整体形象进行推介,实现城市品牌和产品品牌双提升。通过开展省长质量奖、市长质量奖以及中国驰名商标、山东省著名商标等的认定,提高社会对烟台品牌的认知度。有计划地组织企业,通过各类媒体、展会和网络平台等资源推介,提升全市品牌影响力。

3. 健全保护机制。建立公安、工商、质监、物价、知识产权等部门与行业协会、企业的联动反应机制,支持企业开展科研成果、核心技术和名牌产品等知识产权或商标保护申请。加快建立全市知名品牌数据库,完善域内品牌维权网络,强化与外地市的配合协作,探索建立共同打击违法行为、保护品牌的联动机制和网络体系,联手打击品牌侵权行为,协助全市品牌异地维权;加快推进烟台社会信用体系建设,构建公共信用信息平台大框架,完善守信激励和失信惩戒机制,引导企业诚信经营,引领社会诚信风尚,让诚实守信成为企业品牌发展的内生动力。

4. 完善名牌保护的措施机制。加强品牌保护立法工作,打击制售假冒伪劣商品的违法行为,完善品牌发展法治环境。建立知名品牌数据库,实现不同部门之间信息的互联互通,共享交换,探索建立共同打击违法行为、保护品牌的联动机制和网络体系。积极推行品牌质量社会共治,大力宣传优秀品牌管理典型,建立健全有奖举报、惩罚性赔偿等制度,鼓励、支持广大消费者和社会组织积极参与品牌监督。

5. 放大产品的品牌效应。借鉴"好客山东""醉美烟台"宣传方式，把品牌宣传与城市文化融合成一个整体形象进行推广，实现城市品牌和产品品牌的双提升，打造品牌整体形象。采取政府主导与市场运作相结合的办法，通过举办国际性、区域性的产品博览会或展销、交流会、推介会等多种形式和渠道，加强对优势产品的推介和品牌的打造。

作者单位：中共烟台市委党校

关于莱州市推进品牌战略的调查与思考

徐雪梅

品牌集中体现了一个企业的整体素质，标示着企业的信誉形象，是企业重要的无形资产，是著名商标、知名产品和知名企业三位一体的有机结合，不仅体现出一个企业的管理水准、创新能力和文化内涵，更是一个城市、一个地区经济发展综合素质和整体实力的象征。近年来，莱州市围绕优势资源、优势产业和优势企业，大力实施名牌战略推进计划，积极营造品牌兴市的良好氛围，不断提高企业创新意识、品牌意识，突出扶优扶强，重点在机电、石材、黄金、盐和盐化工等产业及地方特色产品中培育发展名牌产品，促进了全市产业结构优化、产品结构调整，大大提升了莱州综合竞争力和国际影响力。

一、莱州市实施品牌带动战略的成效

莱州市实施品牌带动战略取得了明显的成效，突出表现为以下几个方面：

一是商标数量快速递增，商标级别越来越高。目前，全市累计发展注册商标两千多件，居烟台各县市（区）首位，其中，商品商标1912件，服务商标94件。2006年"登海"商标获得了中国驰名商标，实现了莱州市驰名商标零的突破。到目前为止，莱州市已有"登海""环日""莱艺""晶山""大丰"5 件中国驰名商标。另外，还有山东省著名商标 28 件。

二是地理标志商标初见成效。莱州特色自然地理资源丰富，素有"中国月季之乡""中国草艺品之都""中国石都""中国玉米良种之乡"等美誉，地理标志产品多、存量大，在发展特色产业和品牌产业方面具有得天独厚的优势。特别是该市农副产品资源丰富，玉米和大白菜种子分别占全国 40% 和 50% 的市场，梭子蟹、对虾、大竹蛏等海产品闻名全国，挖掘地理标志的潜力巨大。莱州市把"品牌兴农"作为服务现代农业发展的切入点，积极顺应农产品市场需求品牌化趋势，大力推进地理标志证明商标的培育、注册、使用和保护工作，近年一直保持每年认定 2 件以上的快速发展势头。目前，莱州共有"莱州梭子蟹""莱州大粒盐""莱州月季""莱州大姜""莱州毛笔""莱州草编""莱州玉雕""莱州面塑""莱州仙客来""云峰大樱桃"10 件地理标志著名商标，总量位居山东省县级市首位。莱州市历史文化资源丰富，目前已注册了 15 个旅游商标，莱州市城市旅游形象的广告词是"千年古邑，厚德莱州"。

三是品牌分布比较合理。目前，全市共有 15 个企业的 16 件产品荣获山东省名牌称号。从企业规模来看，15 家企业全部为规模以上企业；从行业情况来看，名牌产品主要分布在石材加工制造、种子、工艺品、橡胶制造等行业，对进一步提升企业竞争力，做大做强特色产业集群具有积极的示范和带动作用。

四是品牌效应逐步显现。地理标志证明商标的注册使用，不仅能提升产品的知名度，还能做到"注册一件商标，带动一个产业，搞活一方经济，富裕一方百姓"。据统计，"莱州梭子蟹"作为烟台市第一件海产品地理商标，近年来为地方创造价值每年都达到近十亿元，并带动当地水产行业不断发展壮大；"莱州月季""莱州毛笔""莱州玉雕"作为城市名片，产品畅销全国各省，出口至欧美、日、韩等 40 多个国家和地区，年创收过亿元；"莱州草编""莱州大姜"地理商标注册后，价格实现大幅攀升，带动当地近 30 万农民实现了就业创业、收入翻番，开辟了农民创业增收的新路子。莱州市草编工艺历史悠久，最原始雏形为莱州草辫，已有 1500 多年的发展历史。莱州草编工艺品属于绿色自然环保产品，最大特点是变废为宝，所用主要材料是农作物秸秆和土地、水域野生草等废弃物，制作由一家一户的农民完成，生产基地根植于全市农村。1983 年以来，莱州草艺品共获国家级奖 9 项，省级奖 15 项。目前已发展到上万个花色的产品品种，产品远销国际五大洲 80 多个国家和地区，年出口额达 2 亿多美元，在国际草艺品市场享有较高知名度，莱州草编已成为该市主要产业之一，为当地农民创业增收发挥了巨大的作用。

二、品牌建设中存在的主要问题

莱州市品牌建设中仍存在着一些不可忽视的问题，主要有以下问题：

（一）企业创建品牌意识不强

一是品牌创建的主动性不够高。很多企业依然停留在产品观念阶段，缺乏创牌意识，认为品牌建设是大企业的事情，有没有品牌无所谓，特别是一些企业的产品在全国叫得很响，却没有自己的注册商标和品牌。在已有的品牌中，产品宣传推介存在资金投入不足的问题。二是商标潜力没有充分挖掘。在已注册的商标中，无效商标达到 400 件，占 24%，有的商标因未及时续展或变更而失效，有的注册商标因企业改制、重组、破产和倒闭等原因，一直未使用也没有转让，致使活资产变成了死资产，造成大量的产品资源浪费和无形资产的流失。三是缺乏品牌保护意识。有些企业缺乏知识产权保护意识，商标被抢注现象严重，致使当地企业不能注册和使用。四是对品牌价值认识不足。有的企业把商标、品牌当作荣誉束之高阁，使用效率与频率不高，没有充分利用品牌资源进行有效运作，实现从简单商品标识到无形资产、知识产权的飞跃。

（二）企业技术创新力度不足

产品在电台没声、报纸没字、电视没影，原因之一在于企业缺乏技术创新，没有自己的知识产权和独立的品牌。目前，全市规模以上企业大都拥有自己的技术研发中心，但数量少、级别低。企业用于新产品研发和技术创新的资金不足，对新产品、新技术、新工艺等方面的研发成果利用的太少，对产品的精深加工和深度开发不足，无法利用已有的品牌优势延伸品牌链条。

（三）品牌规模缺少竞争实力

目前，全市共有规模以上工业企业400多家，获省名牌产品的企业占全市规模以上工业企业总数的比重不到5%。许多出口企业缺乏自主知识产权，全市90%以上的出口产品是贴牌生产，导致企业形不成自己的核心竞争力，只能赚取很少的加工费。草艺品畅销100多个国家和地区，出口额占全市总出口额的20%，虽然在国内拥有"莱艺"注册商标，但在国际市场上却没有优势品牌，只能借助国外品牌销售。"莱州草编"在申请注册地理标志证明商标前，企业和草艺品从业者一味追求各自利益，纷纷抢注没有特色优势的商标，先后注册草艺品商标近十个，不但没有形成地方的特色"拳头"产品，而且还扰乱了草编市场。

（四）品牌培育机制不够健全

一是部门间管理协调机制不够完善。名牌创建工作由多个部门管理，难以形成合力进行有效的资源整合。企业创建品牌门槛高，如机械类产品申报省名牌产品的条件之一是上年度销售额要达到1亿元以上，从全市企业目前发展情况看，很难达到。二是企业与部门的沟通协作有待加强。许多企业注册商标多采取自行申报方式，不注重与主管部门的沟通。造成主管部门不能及时掌握全市商标情况，有针对性地开展业务指导；同时，企业因不熟悉法律法规和申报程序，延误申报最佳时机，在市场竞争中处于被动地位。三是行业协会未能很好地发挥作用。地域商标和地理标志的注册，仅靠企业申请往往难以成功，需要借助协会的力量。但协会牵头注册商标的意识和能力不足，受政策、资金等因素的制约，缺乏注册商标的积极性和动力。

三、推进莱州市品牌建设的路径

推进莱州市品牌建设应采取以下路径：

（一）加强宏观指导，夯实品牌创建基础

一是成立名牌创建专门机构。政府应协调相关职能部门组建"名牌战略促进委员会"，负责对全市品牌发展战略进行总体规划、论证和宣传。出台相应的考核办法，加大对职能部门工作的促进力度。二是大力开展名牌产品争创活动。以市传统产业、主导产业和优势项目为重点，推荐一批质量好、市场占有率高、消费者满意的产品争创国家级和省级名牌产品，带动地方经济向品牌化、市场化、规模化方向发展。

（二）健全激励机制，创优品牌发展环境

一是建立品牌储备库。有关部门要引导企业制定争创名牌计划，实施分层次、分阶段培育和重点帮扶，对已达到名牌条件的，要及时向国家或省主管部门推荐，帮助企业办理申报手续。二是建立品牌保护体系。企业要有品牌的自我保护意识和强烈的法律维权意识，善于运用法律武器保护自己的品牌利益；工商、质监等职能部门要及时受理被侵权企业的投诉、举报，严厉打击商标侵权行为，为企业实施品牌战略提供有效保护。三是加大品牌宣传力度。引导企业加大品牌宣传投入，通过召开品牌推介会、产品展销会和在电视、报纸、网络、户外广告等众多

媒体作广告的形式，大张旗鼓地宣传自己的品牌。莱阳"鲁花"的经验就值得借鉴，鲁花集团每年将 80% 的广告预算都投放在央视，凭借中央电视台等影响力大的媒体，树立鲁花的品牌形象，形成了以品牌拉动市场，以市场带动销售，以销售促进生产的良性循环，成为中国花生油第一品牌。四是建立品牌创建激励机制。继续实施扶持和奖励政策，优先为驰（著）名商标和名牌企业提供信贷、财政、科研、税收、土地等方面的优惠政策；对企业争创名牌给予资金扶持，加强科技开发扶持力度。

（三）注重品牌开发运营，变品牌效应为产业效能

为充分发挥其品牌效应，推动产业升级、产品升值，必须十分注重地理标志商标的开发和运营。比如，借助地理标志商标的品牌优势，"莱州草编"由注册前的平均 10 元每件升值为 20 元每件，由此带动草艺品从业者人均增收上万元。相比毗邻地区的草艺品生产经营情况，莱州市贴有"莱州草编"地理标志的草艺品不但畅销，而且价格上明显比外地不贴该标志的草编价格高出一倍多，当地农民从业者增收明显，初步达到了"变废为宝、品牌兴农"的目的。

（四）加强推介宣传，提升品牌的影响力

一要做大做强。对全市重点企业和品牌产品，给予重点培育、重点扶持，鼓励知名品牌利用品牌资产进行扩张和延伸，促进规模企业早出品牌、多出品牌。二要外联内合。目前，"莱州草编"远销海内外，但远没有达到如景德镇瓷器等一线工艺品的知名度和影响力。要通过协作生产等方式，加强同国内、国际一流企业的合作，学习它们在品牌建设上的成功经验，逐步打造具有自主知识产权的品牌，实现由价格优势竞争转向以质量和品牌等非价格优势竞争的转变；利用自身产业优势，鼓励同行业或同产业链的企业相互联合，"抱团"创品牌。主动采取"请进来、推出去"等措施，积极搭建品牌宣传平台，通过组织参加展销

会、贸洽会、名优特产展、大型推介活动等形式，不断加大宣传力度，帮助企业和商品提升品牌知名度。要培育互联网思维，积极运用新媒体，"互联网+"，线上线下双管齐下，扩大受众面。三要整合集聚。发挥全市产业集群的优势，通过产业园区的整合和提升，促进企业空间的集聚，形成产业集群，创建区域产业品牌。四要梯度开发，使全市的品牌产品形成合理的梯度结构，做到储备一批、培育一批、成长一批，快速形成全市名牌产品的群体优势。

作者单位：中共莱州市委党校

丹阳市培育眼镜产业品牌的做法与经验

成素英

丹阳市旅游资源丰富,人文特色鲜明,眼镜产业是其支柱产业之一,故丹阳素有"齐梁故里、眼镜之都"的美誉。丹阳市将眼镜这样的小产品创出了品牌,做出了大市场,其发展经验值得总结和学习。

一、丹阳市眼镜产业发展现状

丹阳市位于江苏省南部,地处长江三角洲、上海经济圈腹地,属苏南经济板块,历史悠久、人文荟萃、文明开放、经济繁荣、充满灵气和活力。丹阳是沿海对外开放城市、全国百强县(市)、全国卫生城市,经济基本竞争力位居全国百强县(市)第18位,综合实力居江苏省十强县(第8位),被称为"长三角最具投资价值县市"。全市总面积1059平方千米,户籍人口逾百万,区位优势明显,交通十分便捷,京沪高速铁路、沪宁城际铁路、京沪高速公路、沪宁高速公路、312国道、京杭大运河等横贯市区,西距南京机场80千米,东距上海虹桥机场、浦东机场2小时车程,班机直航世界各地,对外开放的长江第三大港——大港港口离市区18千米。

在丹阳眼镜产业是重要的支柱产业之一。作为传统特色产业和"第一产业"，丹阳眼镜产业经过 40 多年的发展与整合，现已形成了从设计、生产到销售一条龙式的完整产业链及社会化分工、规模化配套、上下衔接的产业体系，具有突出的行业优势、鲜明的产业特色，在行业内具有举足轻重的地位。近些年来，丹阳眼镜产业一直保持着 20% 左右的增长率。现在丹阳已成为世界最大的镜片生产基地、亚洲最大的眼镜产品集散地和中国眼镜生产基地。

目前，丹阳市从事眼镜行业及相关配套的企业有 2000 多家，眼镜生产企业近 600 家，从业人员 7.5 万多人，年产镜片 2.5 亿副，占全国生产总量的 70% 以上，世界的 40% 以上，年产镜架数量占全国 1/3。丹阳眼镜产品包括光学镜架、镜盒、镜袋镜布、光学玻璃镜片和树脂镜片、亚克力片和 PC 镜片、太阳镜、老花眼镜、隐形眼镜等。据统计，2015 年，丹阳眼镜全行业生产企业实现销售收入 130 亿元，外贸直接出口 2.35 亿美元，全年旅游、商务客源达 120 万人次。

二、丹阳市培育眼镜产业品牌的做法

丹阳眼镜起源于 20 世纪 60 年代末期，我们可将其创品牌的过程分为几个阶段：

1. 20 世纪 70 年代：萌芽阶段、集体创业。社队企业的崛起和老一辈的回乡工人技师为丹阳眼镜业的发展奠定了基础。

2. 20 世纪 80 年代：市场兴起、工贸一体。产业孕育了市场，市场反过来又推动了产业的发展。丹阳眼镜市场的兴起，与浙江商人的贡献密不可分。可以说，两个大队兴办了市场，浙江人催生了丹阳的眼镜市场繁荣。

3. 20 世纪 90 年代：走出国门、纵横天下。中国眼镜协会牵头组织了每年春秋两季上海市和北京市国际眼镜博览会，成就了丹阳眼镜的出口型企业。东方公司入驻丹阳带来了国际化的现代企业管理模式、经验及先进的技术和质量要求，对提升整个丹阳地区镜架产品的品位和档次起到了十分重要的作用。

4. 20世纪90年代末：树脂镜片引领业界。万新公司树脂镜片的研发成功对丹阳眼镜业的发展起到了一个里程碑的作用，可以说没有万新的成功就不可能有丹阳眼镜今日的辉煌。

5. 2000年以后：集聚发展、做大做强。大多数中小眼镜生产企业均开始重新修建标准厂房，扩大生产规模，涌现出了像万新、明月、亚细亚、鸿晨等一大批优秀的企业。这些企业纷纷采用先进的管理模式，进行ISO质量体系认证，开发高品质纯钛眼镜架系列，引进日本、韩国生产的CR—39光学树脂基片和加硬加膜流水线，自主研发专利形成品牌。注重品牌建设的同时，积极扩大广告宣传，花巨资请明星代言，并在中央电视、湖南卫视、江苏卫视、凤凰网等媒体进行广告投放，树立了良好的丹阳企业形象。2006年6月，国家眼镜产品质量监督检验中心正式成立，中心主要开展的业务包括质量检验、仲裁检验、标准研究、技术交流、科研开发、培训与咨询等，为丹阳眼镜的健康有序发展保驾护航。同年，中国镇江丹阳（眼镜）知识产权快速维权中心设立，这是江苏省第2家获批成立的知识产权快速维权中心，也是国内唯一的眼镜产业知识产权快速维权中心。2010年，丹阳市委、市政府决定投资兴建新中国（丹阳）国际眼镜城二期，按照国家5A级旅游景区标准打造，总投资10.8亿元，形成集交易中心、创新中心、物流中心、会展中心、商务中心、旅游中心于一体的完备体系，建成了国内唯一、国际一流的现代化综合性眼镜城。

丹阳眼镜已经成为我国的三大眼镜品牌基地之一，经过40多年的发展、整合，现已形成了从设计、生产、销售、会展、商贸、旅游一条龙整齐的产业链，形成了社会化分工、规模化配套、上下衔接的产业体系，成为丹阳的"城市名片"。

三、丹阳市培育眼镜产业品牌形成的经验

丹阳市培育眼镜产业品牌形成了可资借鉴的经验，其主要经验如下：

（一）形成了完整的产业链

丹阳市眼镜产业分工精细，协作配套健全，眼镜生产所需的各种原辅材料及配件，基本可以就地取材，形成了眼镜原料配件、镜架制造及电镀、镜片生产、眼镜机械、印刷包装等完整的产业链。特别是年成交额 30 亿元以上、位列全国三大眼镜专业市场之一的中国（丹阳）国际眼镜城，为产业发展提供了畅通的市场渠道和信息桥梁。完善发达的产业链条，为丹阳眼镜产业加速发展提供了不竭动力。

（二）拥有完善的创新体系

仅以眼镜产业园为例，园区拥有各类眼镜科研机构 15 家、专业技术人员 2000 余人，产业园拥有国家眼镜产品质量监督检验中心，获得了眼镜标准的制定权和眼镜质量的监督检验权；拥有江苏省行业特色网站、国内眼镜行业最大的行业门户之一的中国眼镜网，致力打造行业资讯平台；拥有江苏省中小企业技术服务示范平台——丹阳市精通眼镜技术创新服务中心，为广大中小型视光学企业提供了坚强的技术和创新支持。

（三）重视品牌建设

早在 20 世纪 80 年代，丹阳便赢得了"中国眼镜之乡"的美誉，拥有多项"第一""唯一"，拥有中国驰名商标 3 个、江苏省著名商标 3 个、镇江市知名商标 38 个。镇江万新光学眼镜有限公司已成为亚洲最大的树脂镜片生产企业之一，在行业内首个获得行政认定的"中国驰名商标"、首个获得眼镜生产许可证，并参与了眼镜行业标准制定；海昌隐形有限公司在中国隐形眼镜行业连续两年排名第一，是国内唯一拥有从研发、成品制造到销售完整隐形眼镜生产链的企业；江苏淘镜有限公司成为中国网络销售出口成镜排名第一的企业。近年来，为提升产业多层次品牌发展，市委、市政府专门出台了《关于加快眼镜产业发展的若干意见》，加快眼镜产业园、眼镜市场等重点项目建设，并组织业内企业参加上海市、北京市、香港地区、米兰、大邱等眼镜专业博览会，进一步创新求变，放大"丹阳眼镜"品牌效应。

（四）注重载体建设

建成了中国（丹阳）眼镜城服务业集聚区，集聚区东至开发区迎宾路，南至中山路，西至大运河，北至北二环路，总面积为1.45平方千米。整个规划区域划分为交易、创新、物流、会展、商务和旅游六大功能区。主导产业包括眼镜商贸、科技、物流、会展、培训五大产业。集聚区2016年被江苏省发改委列为"省级现代服务业集聚区"，有关集聚区总体发展规划近日已编制完成，并通过省级评审。

丹阳眼镜市场作为眼镜产品的交易载体，已历经三代市场的发展。第一代市场始建于20世纪80年代，1986年车站、双庙两个村在丹阳火车站附近建起了全国最早的专门用于眼镜交易的"华阳眼镜市场"和"云阳眼镜市场"，组成了最初的丹阳眼镜城。20世纪末，两个市场经改造后连成一片，面积3.2万平方米，经营户600多家，经营镜架、镜片、零配件等近千个品种，成为当时全国最大的眼镜交易批发市场。第二代市场是2003年投资2.8亿元兴建的中国眼镜城，2006年投入使用，建筑面积3.7万平方米，5层楼高，商铺400余间，分品牌区、精品区、配件和仪器区、办公展示区、商业步行街，规模和档次均为当时全国之最，2010年又成功创建了国家AAA级旅游景区，把"配镜游"做成了丹阳知名旅游品牌。随着时间的推移，老眼镜市场逐渐饱和，已不适应发展的要求。因此，丹阳市委、市政府2010年决定投资兴建第三代眼镜市场。国际眼镜城历经4年的建设，2014年5月1日盛装开业，老眼镜市场也于5月7日正式关停，原经营户整体搬迁至国际眼镜城。丹阳眼镜市场从传统的交易市场成功转型升级为现代综合性的眼镜商城。

国际眼镜城总投资10.8亿元，占地面积64亩，把传统的眼镜卖场升级为集休闲娱乐、餐饮住宿、商务办公、影视表演等为一体的体验式旅游服务商业区。汇聚了万新、海昌、明月、天鸿、舒曼等众多国内外眼镜知名品牌旗舰店；有着华东地区最大的400平方米中影巨幕影视播放厅和国内规模较大、设施较全、展示较广，代表行业高水平的面积达1800平方米的中国眼镜博物馆。

为促进实体经济与互联网联合发展，用"互联网+"提升"丹阳眼镜"，眼镜城2015年投资300万元建设了丹阳眼镜城电商创业孵化基地，聘请阿里巴巴专业讲师开办电商培训班6批、培训商户1000多人次，已成功孵化眼镜电商企业和商户8家，带动就业140余人。同阿里巴巴合作开通的丹阳眼镜电商网上特色平台已入驻批发企业和商户180余家，截至9月底实现销售额超亿元。

（五）注重发挥行业商会作用

丹阳眼镜商会成立于1999年，现有会员企业160余家，均为丹阳地区较有实力的规模企业，商会下设眼镜架、光学玻璃、树脂镜片三个专业委员会。多年来，商会一直贯彻"团结、教育、引导、服务"方针，实行"自我管理、自我服务、自我调节、自我约束"，较好地发挥了行业协会联系政府、行业自律、信息交流、服务企业的作用，有力地促进了眼镜产业的发展。

作者单位：中共山东省委党校

泰安农业品牌建设问题研究

何传新

2016年召开的中央农村工作会议指出,"要大力培育食品品牌,用品牌保证人们对产品质量的信心。"品牌是国际市场的通用符号,是构成国家产业竞争力的重要因素。知名农业品牌的多少,往往决定着一个国家或地区的农业发展水平和综合竞争力。当前,泰安农业大而不强,产量大、附加值低,产品多、品牌少,特别是缺少国际知名品牌的问题十分突出。转变农业发展方式,推进农业现代化,增强农产品在国际市场的竞争力,必须着力打造优秀农业品牌,以强农、富民为核心,以多样化的特色农业资源为基础,以农业科技为支撑,推进特色农业品牌建设。

一、推进泰安农业品牌建设的必要性

推进泰安农业品牌建设具有必要性,可概括为以下几个方面:

(一)加强农业品牌建设是建设现代农业的迫切需要

实施农业品牌战略是推进农业现代化的内在要求。当前,农业现代化仍是"四化"同步中的短板和制约因素。现代农业的发展思路体现在：用现代物质条件装备农业，用现代科学技术改造农业，用现代产业体系提升农业，用现代经营形式推进农业，用现代发展理念引领农业，用培养新型农民发展农业。推进农业品牌，需要落实现代农业发展理念，在先进的农业经营体系和经营形式下，采用先进的农业科技，实现农产品优质、安全、高效的要求。没有农业的品牌化，没有一大批科技含量高、具有国际竞争力的农业品牌占领市场，也就难以实现农业现代化。

（二）发展品牌农业是当前推进农业供给侧改革的内在要求

农业供给侧结构性改革最根本的要求是提供有效供给，要生产当前消费者需要的农业产品，从而提供有效供给。当前我国已进入全面建成小康社会的重要时期，人们的生活质量有了显著提高，农业的发展方式已不再局限于数量的增加，而是质量和效益的提升。当前农业品牌发展中总量问题与结构性问题并存，结构性问题更加突出。目前农产品供给总量比较充足，但要满足消费群体的高端要求，还存在结构性矛盾。例如，近期玉米市场价格的低迷反映出来的国内产量大和国际进口的双重压力，迫切要求推进农业供给侧结构性改革。发展品牌农业有利于农业资源要素向品牌要素转化，有利于实现由数量型、粗放型向质量型、效益型转变，符合转型发展的需要，是农业发展的趋势所在。我们要认清当前的市场供需问题，探索农业发展方式转变的新突破和农业结构调整的新途径，扩大优质农产品品牌的有效供给，保障市场需求，通过推行农产品主产区区域布局，打造农产品特色品牌。农业品牌的培育提供了更多的优质农产品，满足了不同消费群体的需求，这适应了当前推进农业供给侧改革的内在要求。

（三）发展品牌农业是提高农产品质量安全水平的重要形式

随着各级监管部门的不断努力和共同治理，农产品质量安全水平有了明显提高，但由于标准化生产推广不够、农民素质偏低、生产管理粗放、监管和检测不到位，农产品质量问题仍时有发生。品牌农业其实也就是质量农业，通过品牌农业的创建，农产品质量安全水平就会跃上一个新的台阶，近几年的"三品"认证就充分说明了这一问题，成了国内品牌的典型代表。

（四）发展品牌农业是提高农产品市场占有率的需要

泰安市农产品国际市场占有率和国内高端市场占有率明显不足，小生产与大市场之间的矛盾依然凸显，产品缺乏市场竞争力。同时国外一些农产品凭借其品牌效应，不断抢占国内市场，对传统农业生产造成极大冲击。发展品牌农业，有助于提高农产品的市场影响力，有效解决小生产和大市场之间的矛盾，变数量优势为质量优势，变资源优势为市场优势，从而有效提高国内农产品的市场占有率和市场竞争力。

（五）加强农业品牌建设是提高农产品国际市场竞争力的迫切需要

从国际农业发展的经验看，实施农业品牌战略几乎是世界农业强国赢得农业国际竞争优势的通行做法。品牌是企业竞争的一个利器。现在的企业如果没有品牌，很难与人竞争。企业做大做强靠的是品牌，占领市场靠的是品牌，兼并其他企业靠的也是品牌，所以品牌在市场竞争中非常重要。法国之所以能成为欧洲乃至世界农业强国和品牌农业大国，其中一个重要原因就是其善于发挥农业比较优势，大力推进特色农产品品牌建设和知识产权保护。适应经济全球化新形势，必须推动农业对内对外开放相互促进、"引进来"和"走出去"更好结合，促进国际国内要素有序自由流动、市场深度融合，加快培育参与和引领国际经济合作与竞争的新优势。实施农业品牌战略，就是应对国际竞争的战略选择，是国际贸易倒逼中国农业转型升级的机制，也是实现中国农业现代化的客观要求，更是提升我国农业国际合作水平的必然路径。从满足国内基本需求到培育国际知名品牌，通过一大批品牌产品彰显其强大的竞争力，从而推动国内农业转型升级和现代农业发展，这是中国农业发展必须要走的路子。

二、泰安农业品牌的发展现状

近年来，在政府的大力推动下农业品牌建设进入快速发展阶段。2013年，农业部协助启动了强农兴邦中国梦——品牌农业中国行活动。农业部门围绕"稳粮增收调结构、提质增效转方式"这一主线，按照标准化生产、产业化经营、品牌化营销的发展理念，积极开展农业品牌培育，加大品牌营销推介，强化品牌监督管理。加快培育特色突出、类型多样、核心竞争力强的农业品牌，推动自主品牌的建设，提升品牌价值和效应，涌现出大批拥有地方特色的农业品牌。如泰安市农产品商标及地理标志证明商标持续快速发展，农产品注册商标工作取得新突破。持续扶持泰山茶行业创品牌，在泰山茶行业已有"泰山女儿"省著名商标的基础上，指导泰安市泰山茶叶协会申报"泰山绿茶"地理标志证明商标，帮助泰山茶叶协会运用法律手段，积极维权，争取早日让泰山茶行业用上"泰山"牌商标，为全市茶产业发展抢占了先机。为推进全市农产品品牌战略深入实施，泰安市积极宣传引导农产品生产者和经营者逐步学会利用商标取得市场上的成功。各县（市、区）也对农产品品牌创建工作更加重视，措施更加有力。截至2015年，全市新增农产品注册商标达744件，总数达到3581件，占到全市注册商标的20.8%。2016年肥城桃开发总公司的"肥城"桃地理标志证明商标被国家工商总局认定为驰名商标，使该市农产品驰名商标总数达到5件，占全市驰名商标总数的19%。山东省肥城精制盐厂的"鲁祥"商标和泰安市正大油脂有限公司的"鲁统"商标被山东省工商局认定为山东省著名商标，使全市农产品山东省著名商标总数达到31件。2016年新增8件地理标志证明商标为："夏张红心萝卜""楼德煎饼""新泰苹果""新泰草猪""新泰红毛山羊""宁阳桥白""宁阳蟋蟀""彭集花生"。2015年岱岳区化马湾大樱桃、泰山墨玉石雕、泰安红心萝卜6件商标成为新认定地理标志证明商标，同时整理上报了泰山何首乌、泰山黄精、泰山四叶参、泰山紫草、横山丝、马家寨春芽和梅鹿山小米等8件地理标志材料，全市地理标志证明商标从2011年的1件发展为24件。借助在泰安市举办的山东省第十五届广告节，宣传农产品品牌，新泰市、肥城市设立了专门的展区，对地方名优特产品和品牌企业进行了集中展示，展出了肥城佛桃、黄金桃、"定制活菌"酸奶和学生奶等新产品，树立了品牌新形象。

三、泰安农业品牌建设存在的问题及原因

泰安农业品牌建设虽取得了新的进展，但也存在着一些亟待解决的问题。

（一）泰安农业品牌建设存在的问题

近几年来，泰安农产品品牌建设取得了很大成效，农产品商标注册数目明显增多，发展速度明显加快，但由于发展时间短，就其品牌所表现的内涵来说，仍处于起步阶段，在发展过程中存在着以下几个主要问题：

1. 农产品品牌多、规模小。泰安农产品商标注册量虽然上升较快，但除极少部分群体品牌外，大部分农产品仍存在"诸侯割据、各自为政"现象，品牌多、杂、乱、小。很多地方，一个特色农业，往往出现众多品牌拼抢市场的乱局，牌子太多、太杂，冲淡了品牌效应，难以形成组团出击、集中打响品牌的合力，缺乏市场竞争力。例如，泰山茶叶由于品质好，很受消费者欢迎。因此，泰山境内出现了多个生产厂家，出现了泰山女儿茶、五岳独尊茶、泰山极顶茶等多个品牌。由于没有统一品牌，加之宣传不到位，市场销售大多处于自发状态，恶性竞争十分严重。常常"叫好不叫座"，品质口碑不错，但市场占有率却不高。

2. 知名品牌少，品牌力弱。泰安市品牌化的农产品越来越多，虽然一些农产品也获得了省、市名牌称号，但在国内外市场上真正享有较

高知名度的品牌较少。好多初级农产品如水果、鲜肉、鸡蛋等纷纷注册了商标，但大多数只是注重商标的识别功能和促销功能，还没有挖掘出品牌的深层次价值，品牌的差异化和独占性不突出。

3. 品牌科技含量低，附加值不高。泰安市现有的品牌农产品大部分是鲜活产品和初加工品，科技含量低，附加值不高。农产品产后保鲜、贮运、加工环节科技攻关滞后；企业科技创新能力弱，农产品加工企业的产品基本上停留在粗加工上，精深加工产品、二次增值产品少。

4. 品牌运作水平不高，没有形成长效机制。从国家到地方很多部门都在开展品牌评选，缺乏统一规范，名牌认定上也没有体现市场和消费者选择，大多是重申报、重评选，还缺乏品牌后续跟踪管理，忽视优质品牌产品的策划和宣传，不利于树立品牌形象。政府品牌扶持政策比较零散，有的连续性不够，扶持效应不明显。农产品品牌运作水平普遍较低。调查中发现，泰安蔬菜品牌推广策划都没有聘请专业的广告策划公司，都是靠自己的感觉和认识进行的。而这些公司的企业家有的是从大种植户发展起来的，有的是从基层政府官员转行进入的，市场策划经验和品牌建设的知识相对缺乏，加上这些企业家主要精力主要放在农产品收购和质量管理上，很难进行高水平的品牌管理和市场运作，导致品牌蔬菜的市场运作水平和品牌策划与规划水平不高，严重制约着这些农产品品牌的建设。

（二）泰安农业品牌建设存在问题的原因

农产品品牌发展中现存的主要问题是由多方面原因造成的，有体制的原因、产业自身的原因、市场主体的原因，还有政府的原因；有产品实体本身的问题，还有品牌营销的问题。归结起来，主要有以下几方面的原因：

1. 泰安农业市场化起步晚，市场机制不健全。品牌是市场经济的产物。我国农产品市场是由计划经济发展到市场经济，在计划经济体制下，我国对大部分农产品实行统购统销，农产品商品化程度低，农产品品牌发展一直缺乏必要的市场基础；加之农产品本身的特点，不利于品牌的开发；农业初级产品和初加工品对初级生产要素高度依赖，不利于形成品牌。目前市场机制还不够健全，农产品市场体系不完善，农产品流通渠道不够畅通，市场中介组织不健全，农户参与市场竞争的能力比较低。

2. 政策扶持力度小，政府对品牌扶持政策针对性不强。调查中品牌企业普遍反映，虽然政府对农产品品牌建设给予了高度关注，召集会议提要求多，但落到实处的政策不多。农村金融体系还不完善，农产品品牌打造缺乏足够的资金支持，政策指导还不明确。

3. 农业产业化程度低，龙头企业带动能力弱。目前，一家一户分散的经营方式仍然是我国农业生产的主要方式。虽然我们借鉴发达国家的经验，走农业产业化道路可以提高市场组织化程度，实现专业化生产、一体化经营，依靠龙头企业的带动，发展规模经营，形成一体化的经营方式，但泰安市的龙头企业还很少，带动力弱，导致农业市场竞争主体薄弱，产业化程度低，严重制约着农产品品牌的发展。目前品牌农产品的规模较小，单位产品的价格不高，利润很低，企业往往局限于维持现状，而无力发展。

4. 经营者品牌意识淡薄。初期打造产品，成熟期打造品牌，从产品经营发展到品牌营销，是现代农业的大趋势。目前许多农业生产者经营的核心不是品牌而仍然是产品，重生产而轻品牌，以为注册了个商标就算品牌化了，打造名牌的意识不强，缺乏品牌形象的塑造，不能有效地开展品牌经营，导致一些农产品市场份额小、经济效益低。由于缺乏相应品牌，泰山茶叶、有机蔬菜等被其他县市低价收购后，经过包装后高价卖出，成了他人的"嫁衣"。护牌意识不强，未能有效巩固和扩大已有的市场优势。随着其他地区有机蔬菜产业的壮大，泰安未能在发展中创新，维护好当地有机蔬菜的品牌优势，使得有机蔬菜产业未能在激烈竞争中继续保持领先位置。

5. 消费者对农产品品牌的信任度不高。有关专家调查访问了18家商场的220名蔬菜购买者，其中有182人购买无品牌蔬菜，38人购买品牌蔬菜。当问及消费者不购买品牌蔬菜的原因时，有75%的消费者回答对蔬菜上面品牌、质量标志、地理标志等标识的真假以及对这些产品的质量安全水平是否符合标准没有把握，仅有40%的消费者认为品牌蔬菜价格太高，超出消费者购买能力。消费者不信任品牌产品质量标识的原因是，近年来贴有国家质监局"质量合格""免检"等标识的产品出现的质量事故很多，如"苏丹红""瘦肉精""三鹿奶粉"等都影响消费者对品牌农产品的信任。

四、国外农业品牌建设的启示

从国外农业品牌建设情况看，美国是农业品牌发展最早的国家，美国政府重视质量监管，靠高质量打造农业品牌。采取严厉措施来控制农产品质量，在体制上设立总统食品安全委员会，在流通环节实行食品召回制度，在生产环节执行严格的转基因产品安全管理等办法；政府还不断推进科技创新水平，靠科技实力提升品牌价值；美国主要对品牌农业实行补贴、减税和贷款等政策；为了推进农业品牌的形成和推广，实现企业广告营销高投入，企业投入、政府搭建平台，采用多种传媒营销。而日本政府实行把品牌作为参与全球农业竞争的国家战略，专门把品牌作为知识产权的重要部分加以保护，特别是运用多种手段，强化品牌的塑造。一是开展一村一品运动；二是采用地产地销的模式；三是推行本场本物制度；四是规范标准化程序，打造标准化品牌；五是高品质定位；六是坚持低农药、化肥投入；七是重视教育培训；八是对农业的保护力度很大，甚至已经超过了农业收入，日本政府将大量资金用在农业上的财政补贴，额度比农业对GDP的贡献总量还高；还通过创办各类农业培训机构和农业院校来提高农民的思想认识和劳动技能，使农民进行农业生产更符合品牌化的要求。

总结世界其他农产品出口大国与农产品国际品牌强国的经验，可以得到以下启示：

（一）充分发挥政府的指导与扶持职能

一是政府应制定区域品牌发展规划。地方政府要树立正确的品牌意识，积极学习国内外农产品品牌建设方面的先进经验，结合当地农产品竞争力的现状，把农产品品牌建设纳入区域发展战略中。同时，地方政府对农产品品牌保护应提供财政支持以促进农产品品牌保护事业的发展，强化支持品牌建设。二是大力发展"公司＋农户""合作经济组织＋农户"等产业化形式，有重点地培育一批农业产业化龙头企业，通过龙头企业增强区域品牌的市场推广力度。三是政府应完善农业科技服务体系，通过地方科研机构加强农产品良种培育及栽培技术的创新，确保特色农产品的品质，这是农产品品牌建设的基础。四是政府对"品牌农业"采取扶持政策。发达国家及地区从资金、税收、出口补贴、管理、技术、信息、农资等方面帮助发展品牌农业。品牌农业大都是高投入、高产出的产业，需要政府提供贷款等方面的优惠，发达国家及地区政府财政部门和银行在资金供应等方面都采取了倾斜政策，而且国外农业企业科研开发的投入平均占销售收入的5.1%。因而应促使政府对开发名牌农产品采取减免税收，提供出口补贴，简化工商管理手续，提供技术、信息服务，优先供应农业生产资料，出资成立促销与管护基金等措施。

（二）完善质量标准体系是食品安全的基本需求，应强化农产品品牌安全质量标准体系的监控

我国农产品安全质量标准数量严重不足，在上市销售的农产品中，有近80%的没有标准。农药、兽药残留等安全限量标准更是严重缺乏，农产品质量标准不统一使得生产者和消费者无所适从。同时，中国农产品安全质量标准技术内容陈旧。中国农产品的国际采标率仅为20%，有近80%的农产品难以与国际标准接轨。这就大大降低了中国农产品的国际竞争力，造成农产品出口屡屡受阻。因此，泰安必须突出重视农产品品牌的质量控制和危害因素风险管理，持续保持和提高农产品品牌

的精品地位和竞争优势。

（三）扩展营销渠道，加大传媒宣传，扩大认知度

独特的销售方式，让大众接受。大力开展农产品区域品牌的市场推广与广告宣传，因为有好的产品并不等于就有了好的品牌，还要做好市场开发、营销工作。通过准确的市场定位、精美的包装、绚烂多彩的广告塑造产品形象和企业形象，使消费者了解和认同品牌，加深消费者对该品牌产品的忠诚感，并以高质、高价畅销国内外。要加大农产品品牌宣传力度，增加相应的投入，营造创立名牌的社会氛围。将品牌农产品宣传列入广播、电视、报刊、网络等大众传播媒介对内对外宣传的重要内容，大力宣传品牌农产品建设的有关政策和法规，宣传各地品牌农产品建设的重大举措、典型经验和做法；积极主动通过各类展示展销活动和各级媒体推介品牌、宣传品牌，形成政府重视、企业主动、消费者认知、多方合力推进品牌农产品建设的良好氛围；积极帮助企业做好品牌的宣传策划，促进品牌农产品输出，扩大名牌农产品知名度。增强市场服务功能，积极推进品牌农产品专销柜、放心店和专业市场建设，不断提高品牌农产品的辐射范围。

（四）生产环节组织专业化

发达国家及地区在农产品品牌化中担当了重要角色。为充分发挥政府外的龙头企业、合作组织的作用，需要加强农民组织建设，农会成为了农产品品牌化的主体，它为农产品企业提供丰富有效的生产、加工及营销功能，并成为农产品品牌建设的强大动力。农民组织在农民利益的维护、农业科技的推广和农产品品牌的构建等方面都扮演着重要的角色。它不但成为连接政府与农民的桥梁和纽带，同时也是农业发展的主体力量，是农产品品牌建设的践行者。中国应加快相关法律法规和制度的建立，逐步形成规范有效的农民合作组织，实现农业生产经营在产前、产中、产后各个环节的组织化，达到农产品生产的专业化、规范化

和产业化，降低农产品交易成本，增强农产品的市场竞争力。

（五）高度发达的信息服务体系

信息化给农产品流通带来了前所未有的变化。农民可以把生产和销售与市场紧密联系起来，借助网络完成产品生产、定价、促销等过程，使农业生产率得到很大的提高，为农产品品牌化注入了强大的活力。日本的批发市场装备了越来越多的信息设施，日本农产品批发市场在发达的通信系统的帮助下实现了与全国乃至全世界主要农产品批发市场的联网，及时发布关于农产品的流通信息，指导农产品的合理流通和实现凭样品进行交易。商物分流的交易方式与传统的交易方式相比较，使得农产品的运转效率得到极大的提高。美国通过农业科技生产信息支持体系，发展"精准农业"，实现农业耕作的自动指挥及定位、定量和定时的控制，而且建立了比较完善的农用物资及产品销售的网上交易系统，使电子交易广泛用于农业。

（六）将科技作为推进农产品品牌化的基本动力

农产品品牌化必须依靠科技进步才能提高农产品的生产力和农产品市场竞争力。发达国家及地区农业科技的贡献率维持在较高水平，而目前我国农业科技的贡献率水平较低，与发达国家及地区相比还有着很大的差距。因此，政府应以产业化技术和产品开发项目为载体，改进农业机构科研的试验条件，推进企业、院校与科研单位"产学研"三者的有机结合，加大对农业科研的投入力度，加快科技成果向现实生产力的转化，以农业科技化推动农产品品牌化。

五、推进泰安市农业品牌建设的对策

推进泰安市农业品牌建设应采取以下措施：

（一）建立与完善为公民提供有机食品的政府规划机制

应从以下几个方面加大工作力度：

1. 制定农业品牌发展规划。根据不同生产区域、经济条件和发展阶段等，对农产品进行分类和分层，将农业品牌发展的目标和措施列入"十三五"规划。把技术含量高、市场容量大、高附加值、低能耗的产品列入战略规划，建立和完善品牌农业的产业链、价值链、供给链，统筹规划，做好整合文章，提升品牌农业的影响力，引导其做大做强。政府要树立正确的品牌意识，积极学习国内外农产品品牌建设方面的先进经验，结合当地农产品竞争力的现状，把农产品品牌建设纳入到区域发展战略中。

政府应通过区域发展布局规划和保护农产品价格体制推进农业品牌建设。政府规划加上引导，根据当前的供给结构问题，在适度扩大总需求的同时，突出抓好供给侧结构性改革，既做减法，又做加法，减少无效和低端供给，扩大有效和中高端供给，增加公共产品和公共服务供给，使供给和需求协同促进经济发展，提高全要素生产率，不断解放和发展社会生产力。按照经济规律和自然规律，优化农业区域布局，实行相对集中连片的规模化生产、专业化经营，有利于提升生产组织化水平、增强产品竞争力、促进产业链条延伸，但随着时间推移与人们对更优质农业品牌的需要，政府应该根据规划情况进行实时访问与定期检测，提高农产品质量，从而对提供更优质的农业品牌发挥出政府职能作用。

2. 建立农产品品牌目录制度，加强品牌保护与监管。农业部将把农产品按照品牌种类、品种种类进行分类，按照影响层级和影响力范围进行分类，对产品的品种、品牌的种类进行系统梳理，形成目录，将最有影响力、最有价值的品牌纳入国家品牌的目录，实施定期发布、动态管理，特别要建立农产品品牌、区域品牌的征集制度、审核推荐制度、价值评价制度以及品牌培育和保护制度。此外，发展农产品品牌还要完善农业品牌培育保护和监管机制,以及建立健全农产品品牌的法律保护体系。

3. 推进特色农产品区域品牌建设。保护优势品种资源和环境,传承地方传统生产、加工工艺,开发历史文化民俗资源,扩大传统产地声誉,创新新兴产业集群,加强品牌经营资源整合。强化对获得农产品地理标志产品的管理和保护,建立地理标志产品品牌质量追溯体系;挖掘品牌资源潜力,打造具有国际竞争力的农产品品牌。

4. 完善政务服务,搭建平台,拓展领域,以期推动农业品牌建设大力发展。一是搭建会展平台,举办会展是宣传优质农产品、打造优质农产品品牌的重要途径。二是搭建融资平台,农业品牌建设需要有资金的支持,这需要搭建好融资的平台,拓展融资渠道。三是搭建"走出去"的平台,充分利用好两种资源、两个市场,加快实施农业"走出去"战略。国内短缺的优质农产品通过在国外建立稳定的货源基地,还可支持企业建立稳定的生产基地,同时也能够把国内的优质农产品推向国际市场,增加农业出口创汇。

(二)组成执法、监督及监测三位一体的食品安全性控制机构

1. 着力拓展标准制定、企业培育、产品质量的监管三个领域。促进标准制定,要发挥广泛联系企业和科研单位的优势,积极参与完善优质农产品外观、内质,商品性和加工性等指标,以及分定等级的标志,逐步引导建立优质农产品品牌的评价标准。

2. 建立有效的、功能健全的食品安全性机构,对农业生产、食品加工、流通及销售的全过程进行监督、检查、管理、执法,确实保护消费者的利益。

要建立农产品质量安全检验监测体系。加强农产品检测中心、农产品基地和市场检测网点的软硬件建设,充实技术力量,强化质量监管,树立和维护品牌形象。

要健全信息服务网络体系。当前物联网产业已被列为我国战略性新

兴产业，物联网技术在农业品牌建设中的应用前景十分广阔。抓住世界科技革命新机遇，利用现代信息技术促进农业品牌建设。信息化是当今世界发展大趋势，是推动我国现代化建设的重要引擎。随着信息技术的广泛应用，品牌管理的手段和水平迅速提升，品牌传播效率大幅度提高，品牌影响力持续扩大。一批新设备、新媒体、新技术在品牌管理中的应用，带来了品牌管理模式的转变，特别是以互联网、多媒体以及物联网技术为代表的信息技术革新，对品牌建设具有深远影响。其在农业领域的应用，必将有力推动农业发展方式的加速转变和农业效益的显著提升，也必将突破品牌传播的传统格局，大幅度扩展品牌信息载体的选择空间。

3. 建设农产品质量安全法规体系。质量是农产品的生命线，是农产品创品牌的根本。要加强产品质量控制，突出抓好农业质量标准、农产品质量监督检测和农业标准化技术推广三大体系建设，做到质量有标准，生产有规程，产品有标志，市场有监测。在具体产品生产上，通过产业协会制定《生产技术规程和产品质量标准》《生产技术标准》，以做到整合标准、整合技术、最终整合品牌。农技人员根据规程搞培训，根据标准搞检验，为品牌建设提供技术支持。

4. 建立与完善品牌标准体系。把产前、产中和产后各环节纳入标准化管理，逐步形成与国际、国家、行业相衔接的标准体系；按市场准入标准、名优农产品标准、出口标准形成细分市场的质量标准体系，强化对相关主体的行为监督。夯实农产品品牌发展的基础，推广"龙头企业＋标准化＋农户"生产经营模式，实现优质农产品规模化生产。

（三）加强有机农业生产基地管理

1. 抓产业基地，壮大品牌基础。龙头企业的发展和品牌创建需要丰富的资源作基础，按照"一带多点"的思路，深入开展县、乡、村三级高产示范创建活动，加强传统农业产业基地建设。确定农产品基地乡镇政府补贴，鼓励大户规模种植，发展特色农业产业基地。要积极推进畜禽健康养殖示范场创建，按照"提质、高效"的思路，重点抓"优质瘦肉型猪产业、禽类蛋品产业、草食牲畜产业"等三大特色养殖，壮大畜禽养殖产业基地。

2. 建立与完善适应有机农业规范要求的生产经营体系。立足自身优势资源，大力调整农业种养结构，重点培育主导农业。推进企业科技创新，科技创新是实施品牌战略、提高农产品质量的关键措施。各级财政要每年预算安排龙头企业技改贷款贴息资金，支持骨干龙头企业开展技术改造和科技攻关，提高加工转化水平和产品增值能力。强化农民技能培训。采取联办、自办、送训等各种方法，组织农教办、老科协、农业局、专业社、行业协会等联合办班，并组织参与高职院、商务职业技术学院举办的培训班。通过技术培训，让农民开阔眼界，增长见识，拓宽思路，成为种养能手，为提升农产品质量奠定坚实的基础。要保护农业生态环境，严禁有害化学品的滥用。

3. 抓好对基地生产管理的配套服务。强化绿色农业技术服务体系。建立病虫害防治中心、肥料服务中心、技术培训中心、检测监控中心和信息服务中心。

（四）抓好有机蔬菜加工企业的培植发展，促进有机农业产业化建设

1. 抓龙头企业，树立品牌意识。品牌建设靠的是龙头企业带动。培育龙头企业，引导龙头企业在优势区域和重点产区建立生产基地，延长产业链，培育一批自主创新能力强、加工水平高、处于行业领先地位的大型龙头企业。要在贷款贴息、基地建设、科研开发等方面出台系列优惠扶持政策，支持农业企业发展壮大；要安排专项资金对龙头企业争创名牌给予重奖，引导农业企业树立品牌意识。

强化培育龙头企业，增强发展动力。采取"改、招、盘、聚"等办法，建设好龙头企业。一是通过技术改革，把现有初具规模的龙头企业做大做强，做到科技含量高、起点高，避免低水平重复。为了进一步提高科技对农业的贡献率，实现农业增产增效，按照主导产业的发展规划，在提高科技质量上下功夫，提供从良种、良法、信息到加工、包装、运储、营销等一整套系列化的新技术服务。二是通过扩大开放、招商引资的办法，吸引市外资金、人才、技术，兴办各类龙头企业。三是把一些经营状况不良的企业，通过重组，盘活存量，将其投入到产业化经营中去。四是采取鼓励措施，吸纳民间投资，创办股份制、股份合作制、私营等多种所有制的龙头企业。农业产业化建设的迅速发展，调动了广大干部群众参与产业化建设的积极性，吸纳了更多社会闲散资金投入农产品加工业。

2. 以服务为宗旨，努力为农业产业化建设创造良好的发展环境。各级政府应建立重点产业和龙头企业联系点，帮助企业解决发展中的各种困难，重点落实五个优先，即优先解决扩张用地，优先帮助信贷融资，优先满足电力供应，优先发展原料基地，优先调解周边纠纷，切实为龙头企业排忧解难、保驾护航。同时，各执法执纪部门要为产业化建设保驾护航，公安、纪检部门对龙头企业实行挂牌保护，各行政职能部门公开向社会承诺严格执行关于软环境建设的有关规定，自查自纠"三乱"行为。

3. 把扶持和推动农民专业合作组织的发展作为推进农业产业化经营，促进农村经济发展的一项重要举措来抓。各类农民专业合作组织发展迅速，涵盖了农村种植、养殖、运输、建筑、旅游、信息、技术、销售等多个领域。具体要做到：一是抓行政推动。成立专门的协调领导小组，落实工作责任，切实加强对合作组织的协调与指导。二是抓政策扶持。专门下达推动农民专业合作组织发展的意见，市、乡两级财政安排一定的资金支持农民合作组织发展。三是抓技术指导。全市组织专门的技术指导和培训，经管、农业、畜牧、水产等部门根据各自特点不失时机地加强种养专门培训。四是抓办点示范。市级领导、部门"一把手"要明确一个农民专业合作组织作为办点示范单位，从资金上扶持、技术上指导，工作上提供服务。五是效益优先。要坚持把农民专业合作组织的工作重点最终体现在其自身效益和产业带动上。

4. 大力实施农业标准化，夯实农业品牌化基础。一是要大力推进农业标准化示范县（区）建设，按照"统一生产布局、统一技术标准、统一打造品牌、统一开拓市场"的要求开展工作。二是着力推进农业产业化，培育农业品牌经营主体。突出粮油、果蔬、肉食、水产、茶叶、棉麻的品牌化加工，加快企业的技术改造升级，提高加工技术装备水平，增强农产品品牌化加工能力。三是加快发展"三品一标"产品，确保品牌农产品质量。建立健全"市、县、乡"农产品质量认证体系，全面开展农产品产地认可和产品认证。四是支持农产品商标注册，促进品牌农产品入市。增强企业、农民专业合作经济组织、经纪人、农户等生产经营主体的商标意识，鼓励支持农产品商标注册。切实帮助农产品生产经营主体解决在商标注册和商标保护中遇到的困难和问题。五是积极开展名牌农产品认定，树立品牌信誉和形象。要规范程序，明确资格条件和要求，努力提高名牌农产品评选认定的公信力和权威性。六是加大品牌营销推介力度，提高市场影响力。对认定的名牌农产品，通过以农博会等平台展示、展销等活动，利用媒体，扩大名牌农产品知名度。同时，要加大全市农产品产地批发市场建设力度，增强市场服务功能。七是加大品牌整合力度，提高品牌总体实力。充分发挥市场在配置资源方面的决定性作用，通过整合地域相近、生产性质相似、产品大体属于同一种类的不同品牌之间的融合兼并，形成名称统一、实力强大、知名度较高的品牌。八是强化监督管理，确保农业品牌建设健康发展。建立健全相关法规制度，加强监督检查，对违法违规者要及时曝光，依法惩处。品牌主体要不断提高产品质量和经营管理水平，依法经营品牌，自觉维护品牌形象。

（五）抓营销推介，放大品牌影响

拓展空间，做好利用文章。要把农产品的宣传推介作为农业产业化工作的一项重要内容，积极组织企业参加各类展销活动，突出抓好农产品的流通环节，扩大影响，提升形象。一是注重节会宣传，提升影响力。积极策划在各地召开品牌推介会和新闻发布会，大力推介特色品牌农产品，取得良好的宣传效果和经济效益。二是改善流通环境，提升辐射力。政府成立农产品流通协会，整合农产品流通大户的流通渠道，实现信息共享、优势互补。三是财政每年安排专项经费，通过贴息贷款、以奖代投等方式，优先支持农产品流通市场体系建设、信息网络建设和流通主体培育。

（六）加大政策扶持和资金投入

品牌农业是高投入、高产出的产业，需要政府提供政策的优惠和扶持。发达国家及地区在品牌农业的发展上都确立了从资金、税收、出口补贴、管理、技术、信息、农资等方面的政策，有效地促进了品牌农业的发展。一是政府财政部门和银行在资金扶持等方面要采取倾斜政策，增加农业企业科研开发的投入。二是支持开发名牌农产品，在政策允许的范围内采取减免税收，提供出口补贴，简化工商管理手续，提供技术、信息服务，优先供应农业生产资料，出资成立促销与管护基金等措施。三是建立健全扶持保护机制，建立农业品牌化支持政策。建立健全农业品牌认证、推广、识别、延伸与国内外评价发布等关键环节的规则和机制，形成农业品牌全程管理体系。健全"三品一标"和名牌农产品在工商、税收、质检等方面的优惠政策，加大品牌产品生产和流通的支持力度，运用法律手段，强化品牌保护，形成良好的政策和法治环境。

参考文献：

[1] 刘丽、周静：《基于产业集群农产品区域品牌建设的几点思考》，载于《农业经济》2008年第11期。

[2] 刘建军：《吉林省农产品品牌整合研究》，吉林大学硕士学位论文，2005年6月。

[3] 刘剑：《农产品品牌成长探悉》，载于《经济师》2004年第3期。

［4］刘洁等：《区域性农产品品牌建设的营销主体研究》，载于《营销策略》2006年第10期。

［5］刘俊浩、李加明：《基于"钻石"模型的农业产业集群要素分析——以山东寿光蔬菜产业集群为例》，载于《农村经济》2008年第1期。

［6］李闯、陆琪男：《农产品区域品牌建设的中国方法》，载于《农产品加工》2010年第1期。

作者单位：中共泰安市委党校

莱芜市"三品一标"农业品牌建设的探讨

常 颖

莱芜市各级农业部门把农产品质量安全作为推进农业发展方式转变的重要手段，严格按照"高产、优质、高效、生态、安全"的要求建立工作机制和体制，强化农业投入品控制管理，推行标准化生产，实施全过程监控，全市农产品质量安全水平保持了良好态势，莱芜市被授予"山东省出口农产品质量安全示范市"和"省级现代农业示范区"荣誉称号，莱城区创建成为生姜国家级标准化示范县。全市已发布生姜、大蒜、莱芜黑猪、精细菜、白花丹参等农业技术规程84项，获得"三品一标"认证农产品194个，创建"十万亩出口生姜农业标准化示范区""莱芜黑猪养殖标准化示范区"等14个国家级农业标准化示范区。

一、莱芜市"三品一标"发展现状

莱芜市2004年开始进行"三品一标"产品认证，10多年来"三品一标"持续快速健康发展，提高了全市农产品在全国的知名度，促进了农产品的外销。在树立莱芜农业精品品牌、保障公众消费安全、提高农产品市场竞争力、加快转变农业发展方式等方面发挥了重要作用。主要呈现以下几个特点：

（一）认证产品逐年增多，效益日益明显

莱芜市从2004年开始进行无公害农产品认证，最初主要认证的为生姜、大蒜等优势农产品，从2008年开始有绿色食品和有机食品的认证，从此"三品一标"得到了快速的发展，截至2014年底，全市"三品一标"认证企业达到56家认证产品总数达到194个，其中无公害农产品124个，绿色食品65个，有机食品2个，地理标志农产品3个，认证基地总面积达到50万亩。获得"三品一标"的产品经营规模逐年扩大，效益日益明显，"三品一标"认证农产品主要有蔬菜、水果、杂粮、食用菌、中草药等。

（二）产品质量稳定可靠，示范带动作用增强

2014年，山东省农业厅从莱芜市标准化生产基地、蔬菜种植储存户、超市和农贸市场抽取蔬菜样品550个、市农业局抽取蔬菜样品300个进行蔬菜农药残留例行监测，平均合格率为98%。其中，抽检"三品一标"产品170个，抽检合格率达到100%，有效带动了农产品质量安全水平的提升。由于获得"三品一标"认证的农产品质量可靠、具有较强的市场竞争力，价格明显高于其他同类非认证的农产品，社会认可度高。在全市56家"三品一标"农产品的带动下，莱芜市近年呈现了农产品规模化、标准化的发展趋势，农业企业纷纷把"三品一标"认证当作发展方向，在农产品的种植、加工、包装等环节朝"三品一标"标准靠拢。

（三）品牌效应逐步显现，市场体系初步形成

在56家认证单位中，国家级龙头企业2家，省级龙头企业16家，农民专业合作社29家。大部分"三品一标"认证产品进入了山东省乃至全国大中城市超市进行专柜销售，销售价格高出普通农产品价格20%以上，品牌效应日益显现。通过了认证，意味着可以畅通无

阻地进入全国任何农产品消费市场，也可以成为进入国外市场的质量水平的参考。目前全国有20多个城市已经实行市场准入制度，没有经过认证的农产品无法进入当地超市。目前，莱芜市"三品一标"农产品已经形成了以超市销售、社区直供、专卖店三位一体的专业流通市场体系。

二、莱芜市"三品一标"发展中存在的问题

莱芜市"三品一标"发展中存在着一些问题，主要表现在以下几个方面：

（一）企业生产不够规范，品牌意识不强

在获得认证的单位中，部分认证单位由于品牌意识淡薄，存在着生产操作不规范，没有严格按照生产技术规程进行生产，致使获证农产品市场竞争力优势不强，品牌产生的经济效益和社会效益不能得到充分体现；有部分单位由于生产规模小，还停留在小作坊生产状态，难以形成规模效益，不利于产业的整合和优势品牌的形成；部分认证单位不重视品牌后续管理，有的企业生产记录不规范，影响正常工作的开展；有的企业不重视内检员培训，导致不能复查换证；有的企业因经营不善等各方面原因放弃复查换证。

（二）监管部门重视程度不够，重认证轻监管

由于监管部门受到人力、物力和财力等方面的制约，存在着重认证轻监管的问题。品牌监管不到位，严重制约农业品牌的发展。管理机构还存在着对农业"三品一标"的跟踪监测、市场监管措施不健全，对产地环境、农产品投入、生产控制、包装标识等方面出台的标准条例不够完善等问题。

(三) 消费者了解程度差，购买积极性不高

很多消费者不清楚"三品一标"与普通产品相比究竟有什么区别，究竟好在哪里，对"三品一标"产品不了解，导致了产品竞争优势不明显，大规模生产效益不高，在一定程度上挫伤了生产者的积极性。

由于以上三方面的原因制约了"三品一标"的发展，只有对"三品一标"产品加强监管，"三品一标"产品的生命力才能越来越旺盛，才能成为全社会可信赖、人们争相消费的产品。

三、推进莱芜市"三品一标"建设的对策

2014 年，莱芜市政府制定的镇域经济提升竞赛活动将"三品一标"认证纳入考核指标，并且财政列支专项资金对认证企业实施奖励。这为莱芜市加快"三品一标"发展提供了契机，以进一步立足莱芜农业实际，实行政府引导与企业主导并行，通过"抓标准、带基地、强品牌、增效益"，积极实施标准经济引领提升工程，大力开展"三品一标"认证，强化证后监管，提升农产品质量安全水平。

(一) 加强动态监管，切实实现产品质量可追溯

加大执法力度，开展"三品一标"认证产品专项检查。重点检查"三品一标"生产过程落实标准化生产情况，使用农业投入品应当符合国家强制性标准及"三品一标"生产标准，不得使用国家明令禁止及"三品一标"禁止的农药和其他化学物质。要突出抓好"三品一标"生产环节用药检查，尤其是开展"三品一标"加工企业的产品质量及其控制体系状况的检查，主要检查"三品一标"种植基地和原料产地的环境质量、基地范围、生产组织结构及农户构成等情况，质量管理机构设置及运行情况，"三品一标"与普通食品的防混控制措施及落实情况，种植、加工的生产操作规程和"三品一标"标准执行情况，"三品

一标"质量追溯制度检查,"三品一标"规范用标检查,"三品一标"进入市场销售认证产品资质的检查等。

(二)加大内检员培训力度,严格规范企业行为

实行企业内检员制度是保证农产品质量安全的有效手段,是证后监管制度的有效完善、延伸,是不断提升企业管理水平的有效形式,也是企业依法履行社会责任的迫切需要。内检员作为生产单位负责"三品一标"农产品标准化生产和质量安全管理的具体实施者,是做好农产品质量安全工作的重要力量,是企业自我规范、自我约束、自我提高的生力军,要培训内检员熟悉掌握有关农产品质量安全认证管理的法律法规,根据生产单位实际情况,建立健全标准化生产技术规程,完善生产记录档案管理,并积极配合做好"三品一标"产品复查换证、年检、续报和标志监管等工作。

(三)加大宣传力度,形成全社会关心支持的舆论氛围

广泛开展宣传,营造社会氛围。积极开展《农产品质量安全法》《山东省农产品质量安全管理办法》和相关的政策法规,使农产品的生产者、经营者、消费者都能了解农产品质量安全工作的具体内容,正确引导安全生产、安全经营和安全消费。通过多种渠道和多种形式的宣传,提高生产者、经营者和消费者的质量安全意识,形成全社会都关心、重视和支持农产品质量安全工作的氛围。加强对执法人员和从事农业投入品经营人员的培训,规范执法行为,加强自律,提高依法经营意识,逐步扩大广大市民对农产品质量安全的认知度,形成全社会关心、支持实施农产品质量安全管理工作的良好氛围。大力宣传农产品质量安全方面的法律法规和科学消费知识,利用各种手段宣传专项整治工作措施和成效,曝光典型案例,形成强大宣传声势,营造安全生产、放心消费的良好社会氛围。

（四）实行严格检测制度，确保农产品质量安全

加快推进"三品一标"农产品质量安全检测体系建设，开展"三品一标"产品例行监测和每月抽检。定期培训相关的各类检测技术人员，统一印制《"三品一标"农残检测报告单》，所有产品都要经过抽检并且持有合格的检测报告单才可以进入市场销售，实行从源头到餐桌的全程质量监控。所有认证企业都要建立检测室、配备农药残留速测仪，形成贯通全市的农产品质量检测网络。农产品批发市场应当建立进货检查验收制度，农产品批发市场、超市应当设立或者委托农产品质量安全检测机构，对进场销售"三品一标"的农产品质量安全状况进行抽查检测，若发现不符合农产品质量安全标准的，应当要求销售者立即停止销售，并向有关监管部门报告。

作者单位：中共莱芜市委党校

平度市发展品牌农业的经验及启示

宿爱梅

品牌是一个产品区别于另一个产品的特殊标志，是产品质量和市场竞争力的最集中、最明显的外在表现。在市场经济条件下，知名品牌还体现着一个地区和企业的素质、信誉和形象。在农业领域，重视创建农业品牌，是推进农业产业向更高层次发展、形成资源优势、增强市场竞争力的重要措施。作为传统的农业大市，平度市物产丰富，农副产品久负盛名，区域和资源优势十分明显。多年来，平度市致力于推进品牌农业发展，把树品牌、创名牌作为提升品牌农业的主要抓手，凭借独特的农业资源优势，大力实施品牌战略，积极推进农业产业化，培育发展农业品牌，以品牌开拓市场，为品牌农业发展提供了良好平台。

一、平度市品牌农业发展的经验

目前全市已拥有国家质检总局地理标志保护产品认证 5 个、农业部国家地理标志保护产品登记 15 个，国家地理标志保护面积已达到 160 万亩，占全市耕地面积的 57%。创建国家地理标志产品保护示范区的申请获国家质检总局批复，年内将力争通过验收；获青岛市级以上农产品名牌、著名商标 37 个，马家沟芹菜、喜燕食用油成功争创为中国驰名商标。平度市发展品牌农业积累了以下一些可资借鉴的经验。

(一) 发挥品牌发展理念对农业品牌发展战略的引领作用

从2005年实施品牌战略以来,平度市坚持品牌发展理念,培育壮大了一批农业品牌,旧店牌苹果、沽河牌蔬菜、顺科牌鸡蛋、马家沟牌芹菜等一系列农业品牌如雨后春笋般地冒出来,平均每年就有10余种农产品注册商标。2013~2015年,全市就新注册蔬菜、果品、桑蚕等各类农产品(或深加工产品)商标76个,全市各农业主导产业基本都有了与之相配的注册商标,农业品牌总数量远远高于周边市区,处于领先地位。农业品牌的迅速扩张为品牌农业发展奠定了良好的基础。

(二) 注重品牌农业的内在质量和外在形象

作为拥有农业品牌的主体,注意把无公害农产品、绿色食品和有机食品生产基地建设作为标准化工作的重点来抓,积极发展"企业+基地+农户、基地+农户、协会(经济合作组织)+农户"的产业化生产经营模式,实行农产品标准化基地生产,推行统一规划、统一技术指导、统一农业投入品供应、统一质量标准,通过农业标准化生产技术的实施,全面提升农产品质量和安全水平。在注重品牌农产品质量的同时,大泽山葡萄、马家沟芹菜、沽河蔬菜、云山大樱桃等大批优质农产品都配置了精美的包装盒,充分体现了对外在形象的追求,切实做到表里如一,优质优价也得到了相应体现。

(三) 不断提高农业品牌的综合效益

从品牌农产品销售情况看,大泽山葡萄、马家沟芹菜、沽河蔬菜等大宗农产品,由于推出了品牌,扩大了规模,提高了质量,产品非常畅销,价格呈现出逐步上扬的态势。马家沟芹菜精品2公斤装售价88元/盒,被冠以"水晶心"的极品芹菜芯售价高达400元/公斤,整个马家沟芹菜平均纯利润1.5万~2万元/亩,辐射带动全市发展芹菜生产2万多亩，年增收2亿多元，实现了边际效益的最大化。明村镇大黄埠西瓜、樱桃番茄带动大黄埠村年收入超过10万元的农户占到总户数的60%，有的户甚至超过50万元。2015年"大泽山"葡萄平均亩产1000公斤，每公斤平均售价10元，带动全镇葡萄种植面积达2万亩，增加农民经济效益4000多万元。优质牛肉最高价每公斤3000元，肉牛产业每年可促进农民增收2亿元。应该说，平度市农产品的品牌效益已经开始显现，品牌农产品成为带动农业效益和农民收入新的增长点。

（四）不断增强农业品牌意识

从政府、企业到广大农民，已经认识到农业品牌已成为高质量和挺进高端市场的"身份证"，并引起足够重视，投入到实践中。由政府主导的农技推广部门在推进无公害生产，推广绿色、有机食品生产技术，培育"三品"农业品牌的积极性进一步提高；广大生产企业、农民合作经济组织对产品认证、标识申请的热情日益增强；农业生产经营中的农户，能够自觉参与到品牌营造活动中，不断扩大"三品"的生产规模。这种情况表明，农业及农产品品牌意识在各类主体中正日渐浓厚，向品牌要市场、要效益的做法在全市得以较好推广。拥有农业品牌的主体，把品牌的推介放在重要的位置，通过媒体、营销网络、电子商务等手段，开展了多渠道、多形式的经营活动，并不断丰富创新品牌产品经营方式方法。其中，马家沟芹菜创新品牌经营方式，实行部分区域专营代理权拍卖，2007年12月27日，在青岛香格里拉大酒店敲响了我国蔬菜区域专营代理权拍卖的"第一槌"。来自山东省内外的30余位客商参与了北京、上海、青岛、济南、淄博5个大中城市专营代理权的竞拍，竞拍总价款达142万元。

二、几点启示

多年的实践表明，发展品牌农业必须坚持立足当地资源，坚持抓住关键环节，做好膨胀产业规模、主体培育、产品质量、品牌推介、经营和环境营造等六项工作。

（一）大力推进品牌农产品产业化发展，膨胀产业规模

当前，农业产业化生产经营已不仅仅是生产、加工、销售等要素的连接，而是一种重要的农业经营体制，构筑现代农业产业体系的重要一环。近几年来平度市进一步加大了推进农业产业化培植的力度，全市通过培育龙头企业、发展农民专业合作经济组织、基地带动，变当地的资源优势为经济优势，形成了优质农产品产业布局，全面推进了产业化进程。

一是加强龙头企业建设，强化辐射作用。农产品加工龙头企业是农业产业化的核心，它具有拉动能力大、辐射范围广、带动能力强、综合效益高的特点。近几年来，围绕优势产业和产品，培育出一大批农产品加工龙头企业，农产品加工企业已初步形成了粮食、葡萄、蔬菜、花生、肉鸡、肉牛、蚕茧等加工体系，加工转化率已达到51%以上。全市建成了裕龙、田润、六合、爱德、三统万福、淳金等一批规模较大、科技含量较高、带动能力较强的农业龙头企业，利用品牌效应全面推进了农业产业化进程。如平度市仁兆、南村等镇发展、引进各类蔬菜加工企业60余家，建有500~1000吨低温库、恒温库60座，年加工蔬菜达20多万吨。其中裕龙、翔龙、兆丰、新绿、新红星、中地等龙头加工企业，20%的产品供应国内大中城市的超市，80%的产品畅销日本、韩国、新加坡、俄罗斯、中国香港、中国台湾等十几个国家和地区。随着蔬菜加工企业规模的不断发展，带动"沽河"牌蔬菜种植户2万多户，种植蔬菜10.2万亩，经济收入5亿元。

二是大力发展农村专业合作经济组织。综观国内外市场，凡是品牌产品特别是名牌农产品，大都具有规模优势，单靠一家一户的承包经营发展名牌农产品是很困难的，只有通过规模经营，才能降低生产成本，提高农业产出率，形成价格优势。发展农村合作经济组织，是提高农民

参与农业产业化，解决农业市场化经营分散、规模狭小、农民和农业缺乏竞争力等问题的有效途径。几年来，平度市认真贯彻落实《农民专业合作组织法》，坚持与产业化经营相结合、坚持试点示范引路与农民自愿相结合，采取"边发展，边规范"的办法，鼓励引导有一定基础、规模和影响力的镇、村发展农民专业合作组织。通过组织化进行品牌整合，以规模支撑名牌，为农业品牌创建产生了凝聚力。为了鼓励合作社创品牌，相继出台了一系列政策扶持措施，从培育品牌创建主体到制定严格的生产标准，保证品牌质量，直到扩大生产规模，都有效壮大了品牌群。目前，农民合作社总数达到2141家，青岛仅有的2家全国农民专业合作社示范社均在平度，成立了全省首家新型农业经营主体联合组织——平度市新型农业经营主体联合会，农民合作社已覆盖全市90%以上的乡村，带动1/3的农户，连接近1/3的耕地。规模以上农产品加工企业发展到110家，农产品年加工能力达到280万吨，带动农户20多万户。

三是全力打造城市优质安全生活品重要生产加工基地，促进品牌农业发展。强化财政资金扶持，连续3年安排专项资金8000万元，扶持设施农业发展到25万亩，每亩比露天种植增收13800元，带动全市70万亩蔬菜总产超过48亿斤，成为山东省重要的蔬菜出口创汇基地和青岛市菜篮子工程生产基地，2015年在青岛市菜篮子工程目标责任制考核中居区市第一。在土地制度、银行贷款、工商税收、投资者利益保护等方面制定各种优惠政策和扶持措施，提供科技推广、信息服务、组织建设和贷款担保等服务，在当前种粮比较收益下降的情况下，平度市实现粮食生产"十一连丰"，粮食总产突破32.5亿斤，可供全国13亿人每人2.5斤粮食，青岛市5个馒头中2个由平度供给。

（二）推行农业标准化生产，提升品牌质量

质量是品牌的生命，品牌的出路在标准。实行标准化生产是提高农产品质量，增强市场竞争力的关键措施，也是推进质量认定、实施市场

准入，使之成长为名牌的技术基础。平度市坚持把质量作为品牌的核心工作来抓，尤其采取以下多项措施：

一是制定完善标准化生产技术规程。在原有技术标准的基础上，进一步修订完善葡萄、苹果、粮油等优势产业的产前、产中、产后各个环节的工艺流程和质量标准40多项，在全市范围内开展宣传、培训和推广，确保生产过程规范化、系统化，符合国家标准和国际市场标准。

二是全力构建"从土地到餐桌"的食品质量安全控制机制。围绕粮油、蔬菜、果品、畜牧等主导产业，从生产标准、检测体系、市场准入三个环节入手，建立和完善无公害管理、投入品管理、无公害种养、质量抽检、种养档案、产品追溯六项制度，制定发布了69项农产品技术操作规程，主要农产品生产全部实现有标可依。充分发挥新型农业经营主体作用，通过定规程、签订单、带农户的模式带动农业标准化生产。规模以上农产品加工企业发展到110家，农产品年加工能力达到280万吨，带动农户20多万户。青岛城乡投资集团与以色列BDO公司合作，投资15亿元在南村建设青岛—以色列现代农业项目，将利用以色列的先进技术和经验，形成从育苗、育种到终端市场的全产业链。雪龙黑牛全产业链项目，投资12亿元建设存栏1.5万头黑牛的集养殖、新型沼气池、青储池、有机生物肥、饲料加工、屠宰加工为一体的新型牧场，被确定为青岛市现代农业十大重点工程。把有序推进农村土地承包经营权流转和标准化生产相结合，全市土地流转总面积达到67.9万亩，占耕地总面积的24.3%。主要粮食品种良种覆盖率达到100%，比全国高近4个百分点；耕地有效灌溉面积191.4万亩，占全部耕地面积的77.8%，高于全国20多个百分点；农机总动力310万千瓦，耕种收综合机械化水平达86%，高于全国近30个百分点。先后认证无公害农产品89个、绿色食品30个，建成无公害农产品生产基地60处、标准化无公害农产品生产基地面积130万亩。

（三）开展农业品牌的宣传推介，提升品牌效应

品牌的营销推介是将品牌优势转变为市场优势，实现品牌效益的重要措施，也是政府部门为农服务的一项重要职责。市场经济条件下，"酒好也怕巷子深"，不会吆喝就无法在激烈的市场竞争中站稳脚跟。实践证明，宣传推介是全面提高产品覆盖面和形象效果，缩短产品成名时间，提高知名度的重要手段。对此，平度市围绕创名牌，整合人才、技术、信息、资金、渠道等优势资源，充分发挥了政府部门的信誉优势和在农业品牌建设中的引导作用。

一是强化高端推介，提升品牌价值。仅央视《新闻联播》《焦点访谈》就做过5次宣传报道。尝试用工业品牌的营销理念保护农产品品牌，通过建立专营渠道实现农产品直供直销。2008年，抢抓第29届奥林匹克运动会青岛奥帆赛和残奥帆赛有利时机，投入十几万元强化技防、人防，确保质量安全，大做奥运西瓜、樱桃番茄文章，圆满完成直供任务，大黄埠西瓜、樱桃番茄品牌声名远播。2008年10月，精心筛选青丰一号小麦、马家沟芹菜、明村大黄埠西瓜和樱桃番茄4个农作物品种，搭载神舟七号飞船参与太空育种项目试验，开启了青岛市航天育种的先河，使品牌运作达到了前所未有的高度，目前第四代"太空小麦""太空西瓜"已经成熟收获，其中"太空西瓜"变异较为明显，糖度比同类普通西瓜提高2.2度。坚持党委政府引导，整合农业、旅游等资源，创造性地开展了春季云山大樱桃节、夏季明村西瓜节、秋季大泽山葡萄节、冬季马家沟芹菜文化节和牛业发展大会、花生博览交易会、旧店苹果展交会、仁禾生姜交易会等农业"四节四会"，安排财政资金扶持大泽山葡萄、马家沟芹菜、云山大樱桃三大特色产业新发展露地栽植面积10800亩，涌现出大泽山葡萄、李园马家沟芹菜、仁兆蔬菜、明村西瓜、云山大樱桃、大黄埠樱桃西红柿等"一镇一业""一村一品"典型镇村200余个，扩大了高端特色名牌农业影响。

二是积极通过创意培育市场需求。创意产生市场需求后，又以市场

需求带动生产发展，形成优质农产品的供应链条和新的市场供需关系。通过创造一种口感，带动形成一个产业。旧店冰爽苹果通过在一定温度条件下储存到次年六七月份出售，食用时冰爽可口，每吨比当季销售多增加2000元。通过一个产业，带动形成一种多功能综合性产业。围绕打造马家沟芹菜品牌，先后挖掘整理记载芹菜的诗书典籍十余处，历史故事十几个，食用疗效9种，吃法100多种，让消费者感受到马家沟芹菜不仅口味独特、营养丰富，而且文化品位浓厚，增强了品牌的魅力。围绕充分体现全国一流、充分体现生态健康、充分体现科技含量、充分体现时尚特色、充分体现文化内涵，规划建设总面积10000亩、启动区5000亩，集生态农业、设施农业、精致农业、观光农业于一体的马家沟芹菜产业示范园，建设了中国第一个芹菜博物馆、芹菜品种集中展示区、会展广场等设施，实现了芹菜产业多功能、全方位的深度开发，被评为山东省农业旅游示范点、国家AAA级旅游景区，年接待全国各地参观考察人员2万多人次。

（四）营造有利于农业品牌发展的良好环境

农业品牌的形成需要长时间的艰苦努力，更需要政府的大力支持。在推进品牌建设过程中，平度市建立组织领导机制，强化工作措施，在全市营造了良好的农业品牌发展环境。一是加强了全市农业品牌创建的组织领导。成立了以市级领导牵头，各相关部门参与的工作班子。先后出台了《关于加快实施创品牌工程的意见》《农产品创品牌工程三年行动纲要》等一系列文件，确保整体品牌战略有章可循、稳步推进。二是建立激励机制，加大对农业品牌的政策支持。将创建农业品牌纳入财政支持、奖励范围，出台了品牌扶持措施和具体的资金奖励政策，专门设立了农业创品牌专项发展资金，对创建的青岛市级以上农业品牌分别给予2万～10万元的资金奖励，鼓励各镇、村、企业、农民合作经济组织等积极创建品牌，并且，每年还将农业品牌创建纳入市、镇两级考核，调动创牌积极性。三是加强对品牌农产品管理。引导、增强各品牌主体树立品牌理念，强化自律意识，不断提高产品质量和经营管理水平，自觉维护品牌形象。同时，市技术监督、工商、农业、新闻舆论等部门发挥自身职能作用，优化服务环境，减少审批环节，加强对品牌农产品的监督、检查，形成了"政府重视、部门支持、社会关注"共同推动创牌、树牌、保牌的合力，为农业品牌建设创造了良好的环境。

作者单位：中共平度市委党校

生态农业品牌经济发展中的政府角色分析
——以东营市河口区为例

张 明

在 2013 年中央农村工作会议上,习近平总书记指出,要"大力培育食品品牌和农产品品牌,用品牌保证人们对产品质量的信心",这对提高农产品质量安全和加强农产品品牌建设提出了新的更高的要求。2016 年中央一号文件《关于落实发展新理念加快农业现代化实现全面小康目标的若干意见》,更是将推动农业绿色发展作为重要内容。在供给侧结构性改革的大背景下,消费者对于产品质量的要求逐步提高,对于食品的要求尤其如此,于是优质品牌便成为消费者的首选,而那些质优价廉但无品牌的产品却少有人问津。各种情况表明,大力发展优质安全农产品和品牌农业,特别是发展生态农业品牌经济,是政策所向、民心所向。

河口区地处黄河三角洲的最前沿,是典型的三角洲地貌,农业用地 146.4 万亩,占全部用地的 43%。丰富的土地资源和独特的生态系统为河口区发展特色农业提供了良好条件,生态农业体系也在政府的扶持下持续发展,目前有 2 个农产品通过绿色食品认证,4 个产品通过有机食品认证,有 8 个农产品品牌获得山东省著名商标或名牌产品。河口区政府合理定位,在克服了众多制约因素的情况下,以正确的指导思想、科学的发展定位，明确了发展的目标和重点任务；合理进行了区域布局，畜牧、养殖、休闲等多点开花，生态农业品牌经济发展初显成效。

一、制约河口区生态农业发展的因素

河口区生态农业发展面临诸多制约因素，其中的主要制约因素如下：

（一）自然因素

农产品质量的提高、农产品品牌的创设需要良好的土质和水源，如果土壤和水源等先天优势缺乏，就需要进行适当改造和转变发展思路，寻求其他路径突破。从土地资源看，河口区虽然土地面积大，但是荒碱地面积大，开发治理成本高。盐渍化土壤占总面积的40%以上，土壤含盐量大都高于3%。从水资源看，河口区淡水资源匮乏，唯一的黄河水年实际供水量只有约1.2亿立方米，离实际需要存在较大差距。地下水多为苦咸水，难以利用；地表径流利用率低。

（二）非自然因素

产业链条短是河口区的短板。近年来，河口区农业种养业发展较快，但还仅仅是一个规模化的生产基地，附加值更高的种业、研发、精深加工、市场营销等环节大多在区外，产业链条尚处于低端层次，经济效益明显外溢。另外，缺乏农产品流通综合平台、缺少有较强带动力的龙头企业、没有特色林果的深加工环节等，也制约了河口区农业品牌建设。

土地流转政策配套不足。自2005年1月《农村土地承包经营权流转管理办法》出台后，各级政府没有制定出台相关的可操作性政策文件，缺少对土地流转项目的扶持政策，特别是对土地流出方缺少鼓励引导和保障政策，没有充分调动土地流转主体的积极性，在一定程度上影响了土地流转的规模和速度。

农业发展需要的周期长、投入多、效益低，又加上当前人们对农产品的质量要求快速升高，创建农业品牌需要的人才和技术含量也在不断提升。从自然地理因素看，河口区发展生态农业品牌经济需要的成本偏高于其他地区，发展生态农业的积极性普遍不高。

二、政府在发展生态农业品牌经济中的定位

政府在推进农业品牌建设中需要有正确的定位，以充分发挥出政府应有的作用。

（一）政府要做农业品牌建设的指挥员

生态农业品牌经济的发展需要有规划，以引领其发展方向，使生态农业品牌经济的发展有突出的重点和有序地推进，而所有这些是农民和农业企业所需要的。这就需要政府做一名指挥员，统筹规划，合理布局，科学推进。

《河口区现代农业发展规划（2015－2020）》明确了建设高效生态农业示范区的重点方向，即按照整体、协调、循环、再生的原则，以资源利用集约化、生产过程清洁化、废物利用资源循环化为主线，推广清洁生产、农牧结合等生态循环农业发展模式，推动园区小循环、产业中循环、区域大循环，打造全国种养结合示范基地，实现资源节约、环境友好。优化养殖结构、种植结构和渔业结构，把发展循环农业和休闲农业等都列为重点任务。目前，澳亚万头牧场、黄河三角洲槐树林温泉旅游度假区、国家文蛤标准化生产基地等一大批生态农业品牌和基地建设在全国的知名度不断上升，吸引了大量消费者，提升了河口区生态农业品牌经济的实力。

（二）政府要做优质产品质量的监管员

加强严格管理，坚持产品质量和服务的高品质定位，是任何一个农

业品牌必不可少的构成要素。高产量不是高品质,也不可能带来持久的高收益。因而政府要做严格把关的质量监督员,在标准化和检测与评估中不留情面,严格要求。

河口区政府谋划长远,重视农业产品质量监管,定期进行农产品质量检测,并定期借助智慧河口平台向社会公开发布信息,获得好评的同时也提高了生产者的质量意识。仙河澳亚牧场奶牛养殖追求高品质和高附加值,牧草全部从国外空运过来,总投资5000万元建设了澳亚(中国)牧草检测中心。正邦(河口)生态农业产业园根据现有土地情况,通过种植青贮玉米等作物逐渐改良土壤,休养地力,提升品质。以市场为主导,鼓励引导农民专业合作社参与"一村一品"经营,把"一村一品"建设纳入发展规划,有序推进。目前,共扶持发展专业村32个,91个农产品获得"三品一标"认证。

(三) 政府要做因地制宜发展的调研员

生态农业的品牌建设在全国来看都是趋势和潮流,根据本地域和人文特色发展农业品牌固然不错,但如果各地区都随心所欲发展自己的品牌,导致品牌重复率过高、竞争白热化,则不利于品牌的发展壮大。政府要做调研员,充分论证和了解各地区的区位因素,合理规划本地和本地某区域的品牌建设,只有如此,才能在市场竞争中占据一席之地。

河口区在高效生态农业发展规划中,明确提出了自身的发展定位,即"规模化农业先行区,生态化农业示范区,标准化农业引领区,产业化农业样板区",把"现代畜牧、海洋渔业、特色农业"作为三大重点产业。这一定位符合当地黄河入海口的区域特色,符合土地资源丰富的地方特色,也符合新兴地区发展的人文特色。"一村一品","草—畜—肉(奶)"产业链构建、海参、贝类、微藻养殖,黄河故道和神仙沟休闲农业等都是基于因地制宜而发展壮大起来的优质产业。

(四) 政府要做提供优质信息的传达员

在市场经济中,单纯的市场调节会有盲目性、滞后性和自发性等难以避免的弊端,这就需要政府适当出手进行合理的宏观调控。市场的信息瞬息万变,一般的生产经营者既要分析研判信息又要及时调整战略,行动滞后是常有的事情。政府要做优质信息的传达员,为农业企业和生产经营者提供准确有效的市场信息,帮助他们及时应对,跟上市场需求的变化,建立自己的品牌,获得经济效益和社会效益。

借助互联网和新媒体,打造生态农业的智慧河口。河口区通过智慧河口手机台、黄河口网站、农业部门网站、"黄河口""微河口"等微信公众号等途径及时发布全市、全省和全国的农产品市场动态,推介农产品品牌。通过与澳亚牧场、正邦养殖、晨阳菌业、印度尼西亚佳发肉牛养殖等国内外知名企业签订协议,为河口农产品提质量、增效益打开了通道。目前,在政府的积极运作下,各大农业项目正在积极推进,生态农业品牌经济为河口区人民带来了实实在在的好处。

(五) 政府要做本地优质品牌的宣传员

"酒香也怕巷子深",宣传品牌是推动产品"走出去"的重要手段。企业的自身宣传固然重要,但成本越来越高,单独宣传引起的反响也偏弱。政府要做本地优质农业品牌的宣传员,发挥政府宣传优势,实行集群发展、联合宣传,既打造优质品牌,也推介地方优势,实现双赢的结果。

通过举办黄河口冬枣文化节、黄河三角洲(孤岛)湿地槐花节等节会活动,积极向全国推介河口的农业品牌。河口区还通过"一村一品"等活动的开展,给农产品"取名字""上户口",积极注册商标,并积极培育农业中介组织,打造农业物流园区,增强生态农业品牌的影响力,促进提质增收。

三、几点启示

总结河口区推进生态农业品牌建设的实践经验，可得到以下启示：

一是政府要充分重视生态农业的品牌建设，并落实到科学的规划和有序的推进工作中，采取多渠道多形式的宣传活动提高品牌影响力。

二是政府要立足实际，因地制宜发展具有本地特色的生态农业品牌，利用多种渠道加强保护和推介，突出自身优势。

三是要真正落实农业品牌建设的政策扶持，设立品牌管理的专门机构，在信息、资金、人才、土地等方面给予帮助，做好服务。

四是政府要真正转变职能，发挥好宏观调控作用，充分发挥市场在资源配置中的决定性作用，尊重和把握市场规律，推动生态农业品牌经济快速健康发展。

参考文献：

[1] 洪俊杰、郑淑云：《政府在发展农业品牌经济中的角色》，载于《浙江农业科学》2013年第7期。

[2] 宋凤巧：《滦县农业品牌发展的现状及对策》，载于《现代经济信息》2012年第5期。

作者单位：中共东营市河口区委党校

山东文化品牌经济发展的困境与出路探析

孙守山

"十二五"末山东省文化产业增加值达到2370亿元,而江苏现代文化产业增加值每年是3000多亿元,广东省在2011年就已突破了2500亿元。2015年文化产业增加值占山东GDP总量的3.76%,而国际上通用的支柱产业比例是5%,美国的文化产业甚至占国民生产总值的25%。数据表明作为文化大省的山东,尽管文化产业的发展取得了重要的成就,但距离文化强省的目标还有一定差距。

文化产业的发展,首要任务是做强做大文化品牌,然后把品牌与企业生产对接,形成完整的产业链,才能带来高价值的社会效益和经济效益。山东省具有悠久的历史和丰富的文化资源,虽然在发展文化品牌经济的过程中有自身的先天优势,但也面临不少问题。如何发挥优势并转化为实实在在的效益,还需进行深入的探析。

一、山东省发展文化产业品牌面临的问题

山东省发展文化产业品牌面临以下问题:

(一)品牌意识淡化,品牌创建能力不强

山东省在文化产业发展方面表现出很大的热情,但缺乏有效的规划

和引导；在品牌创建方面，表现出多点开花的状况，却缺乏独树一帜的领军式文化产业品牌。文化资源丰富，但文化产业品牌荒漠化的问题值得重视。提到山东，人们会想到孔子、泰山、泉城、水泊梁山、山东快书、风筝、鲁菜等，但是这些优秀文化资源还是孤零零的文化形态，还是单一的旅游和消费场所，距离有价值有内涵的文化产业品牌还比较远。

从全省范围看，急功近利的应景举措很多，立足全局统筹规划者少，发展文化产业品牌的意识更是淡漠。部分地区甚至在发展文化产业中出现"抢名人、夺眼球"等不良现象，如孙子故里就有滨州惠民、东营广饶、滨州博兴、淄博临淄四种说法并存；临清和阳谷甚至出现"抢夺"西门庆院落的现象等。

（二）品牌创新不足，品牌产业链条不全

原创力和创新力是文化产业品牌经济发展的必备要素，文化产品特别是优质文化产品无一不是在创新中诞生的，总是抱残守缺、固守传统只会被时代淘汰。山东的文化品牌保护有余而创新不足，个别亮点出现以后却又因为整个的文化产业链条的不完整而难以为继。

山东省《省会城市群经济圈文化产业发展规划（2013－2020年)》指出，省会城市群经济圈的文化企业存在规模小、原创能力不足、核心竞争力弱等问题。缺乏大型龙头企业，没有全国性文化品牌。《大羽华裳》项目从1999年开始运作到2006年搬上舞台，可谓精心雕琢之佳作，典雅灵秀，魅力无穷。但项目仅限于舞台表演，而产业延伸不足，带来的经济效益也就非常有限了。

（三）品牌价值较低，品牌经济发展受挫

2015年"中国文化企业竞争力排行榜"发布，山东在动漫、游戏、演艺、工艺美术等领域的企业均无一进到前十名。缺乏竞争力导致了品牌影响力低，品牌价值不足，品牌经济发展难以进入较高层次。山东的

文化品牌众多，在全国能够叫得响的品牌也不在少数，但真正转化为企业的知名品牌和带来丰厚经济效益的品牌却寥寥无几。

缺少拥有自主知识产权的优质品牌是山东的另一短板。山东省高院人士表示，在全省知识产权案件收结案数量快速增长的同时，知识产权案件审判中发现的问题越来越多。知识产权立法、政策滞后缺位；主管部门管理、监管不力；企业知识产权意识、法律意识不到位等都导致文化产业的品牌经济发展受阻。

二、推进山东省文化产业品牌发展的路径

推进山东省文化产业品牌发展应采取的路径如下：

（一）组团取暖，培育扶持龙头企业

可以通过组建统一的与文化品牌发展有关的政府机构或投资公司，在政策、资金、人才、运营、管理等方面统筹协调全省的文化品牌建设，有效调度各地区的文化产业发展，通过顶层设计的方式逐步推动全省形成几个大的文化企业和优质文化品牌。重组现有文化企业，按照市场决定资源配置、政府提供优质服务的原则，采取兼并重组、联合经营等方式，有效培育大的文化龙头企业，并积极宣传推广，以此带动文化产业的稳步发展。在原有的141个文化产业园区的基础上，进一步强化管理，科学运营，加强规划，促进联合发展和抱团取暖，充分发挥产业园区对文化企业和文化品牌的孵化作用。

（二）挖掘内涵，努力提升品牌形象

一个地区的文化是地域特征、民情风俗和价值观念的统一，体现了一个地方的历史风貌、人文内涵和思想状态；同时，特有的文化内涵又会为一个地区的发展提供持久动力。山东的文化内涵之丰富在全国来看都是首屈一指的，要找准自己的战略定位，深入挖掘、整合历史文化资

源，培育和彰显自己的文化特色。文化的底蕴可以转化为文化产业品牌的软实力，更可以转化为市场经济中的竞争力。经过商业运作和积极开发，让产品和服务附着齐鲁特色，体现齐鲁风采，进而在整个文化产业链条中渗透文化品牌的价值，最终走出一条具有山东特色的文化产业品牌经济发展之路。

（三）政策扶持，优化企业发展环境

优秀的品牌意味着高附加值、高利润和高市场占有率，同时也意味着高质量和高投入。一个优秀文化企业的发展既要靠正确的战略和不懈的努力，也离不开政府的有效调控与大力扶持。"十三五"规划明确提出要"开展质量品牌提升行动"，并指出深化知识产权体制领域改革、加强知识产权保护、优化企业发展环境是政府部门的重要职责。韩、日、美等发达国家的文化产业发展经验告诉我们，政府在规划、财税、法律、资金等方面的扶持推动极大地促进了本地文化产业品牌经济的发展。山东省要借助国家发展文化产业的政策东风，立足全省统筹规划，在优惠政策、资金扶持、政府采购等方面做好文章，同时要研究建立品牌培育激励机制，激发企业活力，引领企业发展。

（四）加强宣传，打造自身核心优势产业

《中国文化品牌报告2016》已经发布，30个年度文化品牌中，山东省的大众报业集团、《琅琊榜》等榜上有名，但相比较于湖南的强势崛起和浙江、凤凰等的雄踞高位，山东的文化品牌还需要在宣传自身文化优势上下功夫。一是努力打造文化旅游品牌，叫响"好客山东""好品山东"，齐鲁文化旅游、滨海旅游、红色旅游等要成体系、成线路、成规模。二是打造传统媒体的新亮点，出版、报业、电视等内容要有品位、有内涵，要借助名人效应提升品牌形象。三是借助新兴媒体，利用微信、APP客户端、移动电子设备等为文化品牌的建设与传播铺设新平台。四是凸显核心优势，突出重点方向。作为儒家文化的发源地和孔子

故里，孔子文化品牌应该大书特书，扩大山东省的国际影响，要采取各种途径把孔子文化以各种形式推介出去，实现山东文化品牌质的飞跃。

（五）人才优先，加快文化人才队伍建设

文化品牌的建设离不开高素质的人才队伍，文化产业发展离不开高层次的人才支撑。山东省文化产业发展乏力的原因之一是文化人才的缺乏，特别是缺乏既懂文化和艺术，又懂市场和经营的人才。山东要赶上文化产业品牌经济发展的快车必须树立人才第一的观点，多措并举，提高文化人才素质，打造过硬文化人才队伍。文化产业研究机构的建立是一个好的办法，但要进一步解决人才培养弱和散的问题，不断健全人才培养、引进、选拔的机制。优秀人才出优秀作品，优秀作品创优秀品牌，要不断加大对优秀人才的激励，用事业育人，用感情暖人，用报酬留人。要注重对人才队伍结构的优化调整，把人才的整体素质向高层次推进，使其符合时代需要和人民需求。

（六）推进创新，提高文化品牌含金量和附加值

文化品牌是具有一定商业价值的，而市场本身就瞬息万变，如果不能紧跟形势变化，势必会被淘汰出局。文化的品牌形成之后不是一成不变的，或上升或下降，其决定因素就在于品牌自身是否能够不断调整优化以适应时代，是否具有创新的潜质以紧跟潮流。山东省的文化品牌不够大、不够强，原因之一就是传统保守有余、开拓创新不足。要多角度挖掘品牌价值，如山东快书的表演模式可以借助动漫、游戏等新媒体形式表现，也可以用电影电视的方式呈现。要在品牌发展中注入新创意，如泰山文化品牌的宣传推广要避免单一化，可以从其精神内容拓展开，通过各种活动和产品体现其高大、厚重、尊严、进取的精神风貌。要不拘泥于一时一地，创作精品，促进传承。组织和邀请省内外专家学者、各类媒体、海外华人等参与到山东的文化精品创作和研究中来，广集民智，多出力作。要把齐鲁文化品牌建设写进教材和各类出版物，纳入各

种展馆和文化场所,在传承传播上点滴积累,让文化品牌意识深入人心,使文化品牌经济持续发展。

参考文献:

[1] 刘文俭:《省域文化品牌建设的思路与对策——以山东省为例》,载于《北京行政学院学报》2010 年第 4 期。

[2] 单敏、桑兰兰:《打造山东文化产业品牌对策研究》,载于《中国行政管理》2013 年第 10 期。

[3] 谢京辉:《文化品牌:文化产业的灵魂——基于上海文化产业发展的问题》,载于《探索与争鸣》2014 年第 7 期。

作者单位:中共东营市河口区委党校

着力打造"大泽平度"旅游品牌

窦美增　徐京利

山东省旅游局、青岛市旅游局和平度市政府于2016年3月19日在平度举行加快旅游业突破发展大会，提出了平度旅游要叫响"大泽平度"品牌。那么，如何打造"大泽平度"旅游品牌就成为当下平度市经济社会发展中一个非常值得研究的问题。

一、打造"大泽平度"旅游品牌的优势因素

平度位于胶东半岛的咽喉地带，地处青岛、烟台、潍坊的中心，因"闾丘先生对齐宣王愿选良吏平法度"而得名。平度有史以来就是胶东地区的政治、经济和文化中心，名胜古迹、宗教场所和石刻文化随处可见，千百年来吸引着诸多文人墨客前来游览，发展旅游业有着十分突出的优势。

（一）旅游资源丰富

平度历史悠久，风光秀丽，文化灿烂，人文自然资源极为丰富，旅游资源类型齐全。平度境内有6000多年前的韩村大汶口文化和4000年前的岳石文化遗址；有距今2000余年的齐国故都——即墨故城、田单

火牛阵遗址和360余座汉代古墓群；有距今近1500年、被誉为中国书法渊源之瑰宝、具有极高书法价值的天柱山摩崖石刻，有曾使"始皇游而忘返，武帝过以乐留"自然风光优美、石刻数百处的大泽山省级风景名胜区等，而大泽山作为"葡萄之乡"所形成的葡萄文化，以及云山大樱桃节、明村西瓜节、马家沟芹菜节等节庆，更为近几年兴起的农业观光旅游提供了新的发展契机。全市共有各级文物保护单位66处，其中国家级文物保护单位4处，山东省级文物保护单位5处，省级风景名胜区和森林公园各1处，青岛市级文物保护单位13处，平度市级文物保护单位44处，平度旅游资源质量等级在青岛各区市中可以说是名列前茅，共有73个旅游资源基本类型，占国家所列155种基本类型的47.1%；按超过30%即为丰富型的划分标准，平度属于丰富型旅游资源区。

（二）立体交通网初步展现

平度市交通比较便利。潍（坊）—莱（阳）、同（江）—三（亚）、威（海）—乌（海）三条高速公路和德（州）—龙（口）铁路穿境而过，青（岛）—银（川）高速公路在平度市境内有近百千米，潍（坊）—石（岛）公路横贯东西，三（山岛）—城（阳）公路、朱（桥）—诸（城）公路纵穿南北，另有平（度）—日（照）公路、平（度）—营（海）公路、烟（台）—潍（坊）公路等分布于境内；158条路串起平度农村，各镇之间均有硬化路面的公路连通，形成了四通八达的道路交通网络；随着海青铁路、青平轻轨、潍莱高铁、青岛新机场的建成，平度市公路、铁路、航空构成的立体交通网络正在形成，届时将形成向北扩大山东半岛向京津冀地区辐射的范围和力度，向南连接日照和连云港，形成半岛与京津冀苏沪地区之间的便捷通道，大大缩短相关地区的时空距离，能够有效拉动莱州湾周边区域和平度市经济社会发展，使平度真正成为胶东半岛具有枢纽地位的城市，为平度旅游业发展提供了高效畅通的有利条件。

(三) 干群发展旅游业意愿强烈

在近几年的人代会上，均有不少人大代表多次提出发展旅游业的建议。如大泽山代表建议，加大对大泽山恢复治理和旅游基础设施建设投入，对风景名胜区管理委员会提供资金扶持，使其工作能够正常运转，促进大泽山旅游业迅速发展。古岘代表认为，即墨故城遗址和六曲山汉王陵均为国家级重点文物保护单位，已被青岛市列入"十一五"规划，建议在古岘成立文物管理所或文物保护派出所，加快保护性开发力度。云山代表提出，为有效开发利用尹府水库、云山观等旅游资源，建议尽快硬化尹府水库至云山观的道路、修建环尹府水库公路，大力发展乡村游、生态游。旧店代表建议把旧店划入平度大旅游圈，积极对外推介，吸引外界投资，形成集"旅游、休闲、餐饮、娱乐、保健"于一体的综合性开发项目等。尤其是2016年平度市在同和文化活动中心召开加快旅游业突破发展大会，对全市旅游业改革发展工作进行全面安排部署，奋力推动旅游业实现重大突破，争当青岛市国家级旅游业改革创新先行区的试验区，加快建设具有更高知名度的山水田园休闲旅游胜地。这充分表明了平度市广大干群发展旅游业的强烈意愿。

二、打造"大泽平度"旅游品牌的制约因素

平度市打造"大泽平度"旅游品牌有着诸多有利因素，但仍然面临不少制约因素。

(一) 旅游市场定位不准

当前，平度市的旅游市场定位是建设山水田园休闲旅游胜地。这一市场定位存在以下三个问题：一是定位没有特色。全国大部分旅游景点基本上皆是以此为其市场定位；二是不能够容纳平度市旅游资源的真实

内涵。如仅平度市的大泽山旅游区就不只是山水田园休闲之旅。"群山环而出泉，汇为大泽，以此名也。"此山层峦叠嶂，奇松异石，林壑静幽，雄深伟丽，山多有奇石峭壁，如登西峰峰前陡崖高约 4 米，岩壁有供手足攀登的石窝 10 余个，手抓脚蹬，别有情趣。以上是说大泽山的自然风貌；此山历史积淀甚厚，有无数动人的传说、名人佚闻或遗迹，如鬼谷洞孙庞学艺、范蠡涧范蠡西施隐居、汉代赤眉军拒守皇城、隋代杨斯玉箱子石藏书、李世民射石出水、明代户部右侍郎书法家刘耳枝读书处——红屋等，这又是说大泽山的历史文化；西有吐鲁番，东有大泽山，每年 9 月是大泽山葡萄成熟的季节，那里的"玫瑰香""泽山一、二号"又甜又香，这又是说大泽山的田园风光；另外，大泽山还有中国书法名山，还是抗日战争时期地雷战的发源地，英雄的大泽人民创造出的石雷战，为后人留下了令人缅怀敬仰的抗战文化等，这远不是山水田园休闲之旅可以概括的；三是不适应旅游业未来发展之需，促进人的身心健康必是整个旅游业未来的发展方向和追求，旅游市场定位必须要体现这一理念。

（二）基础设施建设滞后

一是交通环境不理想。且不说火车站、飞机场这些先进设施，单单是到旅游景点的公交设施就很不完善，公交线路设置不尽合理，景点与酒店、景点与景点之间的公交线路较少。平度市大部分旅游景区，不论是城区的城隍庙、美国教会医院，还是大泽山风景区、茶山风景区、老龙湾景区、豹竹涧景区、云山观景区、即墨古城遗址等，交通条件均不理想，已成为制约平度市旅游业发展的"瓶颈"。

二是旅游标准化建设滞后。景区内除了一些景观建筑外，设置的游客服务中心规模小、管理乱，不能为游客提供良好引导和推介；星级厕所、导游标志等配套设施匮乏，景区的可进入性较差，吸纳游客的能力不强，难以形成规模消费，与旅游发达地区和周边市相比有较大差距。绿化不到位，平度市大多数景区缺少统一的绿化、美化规划，影响到了景区的整体环境。

三是配套设施不完善。在城市开发建设中，不注重游客需求，旅游基础设施和功能不完善。游客集散中心、游客咨询中心、交通停车场和旅游公厕等配套设施不足，旅游、交通标志不完善，宾馆饭店结构性矛盾突出。全市高星级旅游酒店、特色旅游酒店少，服务档次低。

（三）产业化发展方面的问题

一是旅游产业龙头企业少。全市景区虽然较多，但上规模、上水平、上档次的龙头景点、知名景点不多，就是"有满天星星而没有月亮"，缺乏大型龙头企业的引领。

二是旅游产品结构调整不到位。目前，旅游市场的发展趋势是集休闲、度假、观光、旅游、娱乐等多类型于一体的复合型旅游，而平度的旅游产品同质化现象比较严重，旅游产品比较单一，新产品开发不足，仍然以天柱山魏碑、云山观等单纯观光型产品为主，仅仅能满足游客观光的初级需要，不能满足中高端游客的需求。

三是旅游产业关联融合淡化。目前，平度市还未形成全域旅游的局面。在旅游业内部，一方面旅游资源没有很好整合，景区之间衔接性不强，没有形成协调发展的长效机制，如大泽山森林公园、皇城区、天柱山、御驾山、葡萄园、泽山湖等景观应该作为一个整体实施规划开发，并与茶山相呼应，形成一个大型旅游产品，才能更好地吸引游客，留住游客；另一方面，大部分景区开发尚处于初级开发阶段，缺少亮点和品牌景区，特色不明显，吸纳游客的能力不强，五龙埠和天池岭景区虽然具有独特的葡萄观光特色，但景区尚处于开放式管理阶段，还没有把葡萄的文章做活，只是停留"吃"的水平上，产业链太短，经济效益较低。

（四）资源破坏严重

一是旅游景区破坏严重。目前平度市的很多旅游景点遭到了破坏，尤其是大泽山风景区作为省级风景名胜区，由于石材业户的盲目开采，已遭到严重破坏，部分著名景点如珍珠泉、柱腰石、流云峡、鲤鱼钻石、月梯（由天然巨石凿成）等多处景观和十几处具有较高的艺术价值和观赏价值的摩崖石刻都不复存在，国家级重点文物保护区和省级风景名胜区的形象受到损害。

二是对古建筑保护不力。平度市市区的美国教会医院、城隍庙等景点由于年久失修，缺乏维修资金，景点已处在倒塌的边缘。抗战时期西海抗日军分区兵工厂、医院和北海银行金库3处景点是高家民兵联防遗址的重要组成部分，现在均已被毁。

三是田野文物保护工作亟待加强。平度市田野文物古迹众多，保护工作面广量大，田野文物保护工作困难较大。如在平度市的国家级重点文物保护单位——六曲山古墓群，有16座古墓先后被盗掘。

（五）宣传力度小，知名度低

近些年许多地方政府都在央视或重要媒体为当地旅游做宣传广告，平度周边许多县市在这方面的宣传力度也比较大。与这些地区相比，平度在旅游宣传上还没有形成系统化、品牌化。多年来，平度旅游宣传力度小、面窄，没有形成一个系统工程。如在外地报纸、电视、电台宣传的频率极少，平度市的电视电台对旅游及其文化的宣传也没有形成一个长效机制。由于没有宣传经费，几乎难以参加青岛市旅游局组织的整体宣传推介活动，高速及主要街道路口也不见平度市的旅游宣传广告，缺乏特色、便携、精美的旅游纪念品等。平度市对内旅游氛围淡薄，对外旅游知名度低，一定程度上也影响到了旅游招商。另外，旅游品牌宣传不够，旅游项目推介不够。平度市旅游业基本上没有形成自己鲜明的旅游特色和自己的品牌，文化内涵挖掘不够深，层次不高，旅游标志物、旅游纪念品少且档次较低，在旅游资源的规划、包装、推介上没有很好地整合，尚处在低层次的观光旅游开发阶段。

三、打造"大泽平度"旅游品牌的对策建议

打造"大泽平度"旅游品牌应采取以下措施:

(一) 正确定位"大泽平度"旅游品牌

《中国旅游发展报告 (2016)》显示,我国目前已拥有全世界最大的国内旅游消费市场,全民旅游时代正悄然来临。同时,人们对旅游品质、旅游创新提出了更高要求,以前那种"上车睡觉,下车撒尿,景点拍照,回来一问啥都不知道"的这种被搞得疲于奔命、不断从一个景点奔向另一个景点的走马观花的景点游会越来越少。中国旅游研究院、携程旅行网对2016年"五一"小长假旅游的监测分析显示,消费水平升级,游客愿意花更多钱买更好的体验;旅行方式由观光购物转向休闲度假;自由行比例提升,跟团游更讲究品质,正在成为旅游的大趋势。百度地图发布的"五一"出行大数据显示,自驾游成为人们出游的新选择,1~2小时行程近郊游成新宠。2016年"五一"小长假,许多市民以自驾的方式到城市周边的公园、花园景区、湿地、古镇等地游玩。通过这些大数据提供的信息,可以准确地反映一座城市旅游的客源市场在哪里、哪些产品是游客关注的,这为其旅游定位和精准营销提供了重要的数据支撑。据此,平度的旅游市场定位绝不应仅仅局限在山水田园观光,更应把休闲体验增益纳入旅游的范畴,进行更精准的市场定位。

(二) 加快基础配套设施建设

实施"道路联起来"工程。协调推动青平城际、潍莱高铁、平度至新机场快速路尽快开工建设;争取新建青新高速郭庄站至潍莱高速平度东站连接线,协调潍莱高铁规划设计预留交叉口;拓宽改造平旧路,打通东北部山区东西旅游路,开辟大泽山旅游东线;规划建设茶山通往大泽山旅游路,拓宽整修茶山至三城路旅游路;修建云山观至蓝树谷和

309 国道旅游路；实施景区之间断头路连接工程，改善东北山区旅游交通大格局；开辟外地旅游大巴进入市区及重点景区（点）的绿色通道，旅游旺季适时开通城区、车站至重点景区的快速公交；规划修建大型停车场，实施景区公交化，解决自驾游带来的交通拥堵等问题。

（三）建设完善旅游产业体系

一是完善景点建设。结合宗教文化、民俗风情、历史文化、生态农业、红色文化、市政建设、购物娱乐等旅游要素配置，突出观光休闲、增益身心等特色，调整优化旅游线路，加快旅游景点资源整合，形成北部和东部两大旅游景点集群，实现旅游景点的组团式开发，积极构建全域旅游城市发展框架，形成旅游景点亲山近水，动静相谐，点、线、面于一体的旅游发展格局。

二是包装设计一批一日游、二日游精品线路，实现旅游地接市场。

三是大力发展文化旅游产品。运用声光电等高科技手段，深度挖掘开发火牛阵、大泽山区的"石雷战""圣水浮金"等历史民俗文化内涵，促进旅游与文化的相互融合，形成集历史展示、民俗体验和休闲娱乐于一体的文化旅游产品，丰富旅游产品体系。

（四）严格执法，下大气力整治旅游环境

一要加强旅游资源保护。要加大财政投入力度，对一些濒临破坏或已遭到破坏的文物景点，采取修复性或保护性措施，防止出现重大的文物毁损或文物灭绝。

二要全面整治大泽山区域的旅游环境。逐步展开大泽山采石破坏区域的恢复治理工作，对旅游路两侧进行美化和亮化，营造良好的旅游环境，使大泽山步入以旅游立镇、兴镇、强镇的发展轨道。

三要加强城区文化旅游资源和重点区域的保护。如加快对城隍庙、美国教会医院、千佛阁、圣水池等文化遗迹的保护开发，逐步发展成为市区休闲旅游景点，对即墨古城等重点保护区域，要严格实施旅游资源

保护区制度，制止一切滥采滥伐行为。

（五）依托媒介，全方位宣传促销

要采取多种形式，全方位开展宣传促销活动，进一步扩大平度旅游市场的影响力和知名度，增强景区、景点的吸引力，扩大市场半径，尽快融入半岛城市群"无障碍"旅游区。一是加大宣传资金的投入。每年安排一定数额的宣传促销费，并根据财力情况逐步增加，同时保证各项宣传措施到位。二是在城市营造良好的旅游氛围。定期在电视、电台以各种方式宣传平度旅游和文化，在市区公益广告牌附加以旅游形象宣传，主要路口要设置旅游交通标识和广告，烘托城市旅游氛围。三是完善宣传促销机制。建立起由宣传、旅游部门牵头，城建、广电、文化、交通、经贸等部门共同参与的宣传促销机制。四是围绕平度市旅游市场定位，选择制作旅游形象口号，突出旅游资源特色，研制开发特色旅游纪念品。五是加大"四季节庆"活动的运作力度，特别是葡萄节要运用大手笔，形成大声势，造就大影响，产生大效益，努力办成全国知名的重要节庆活动。六是加大旅游旺季的宣传。在旅游旺季之前，通过电视、电台、报纸等新闻媒体在全省主要城市进行广泛宣传，大篷车、网络以及参加各地举办的重要宣传推介会等宣传方式同步跟上，同时加强与各地旅行社的对接，吸引各地游客。

（六）以"食在平度"为抓手，撬动品牌发展

"食在平度"是根植平度市深厚的饮食、食养文化，发挥平度现代农业优势，打造以"美食+食材、美食+食养、美食+旅游"为特色，带动相关产业融合发展的旅游目的地品牌，旨在为游客营造全地域、全时间、全身心的旅游体验。"食在平度"并非简单地卖原材料，而是着眼产品形态、产业形态和文化形态，向"卖产品""卖产业链""卖文化"升级，从而实现产业的调整、文化的提升。"食在平度"准确找出了平度旅游业突破的关键点，是撬动全域旅游业的杠杆。为此，各级各

部门各单位要强化大局意识,进一步深入思考、进一步深入推进"食在平度"工作,要强化保障,建立强有力的领导体系、工作推进体系和"有激情、想干事、能干事"的队伍,系统推进"食在平度"这项重点工作。同时要在"食安平度"上下功夫,守住农产品质量这条生命线,要多措并举促进全市实现从田头到市场到餐桌的全链条监管,实现主要农产品质量全程可追溯,建立健全生产经营主体诚信档案。

作者单位:中共平度市委党校

发展品牌经济，促进资源型城市转型

——以东营市为例

卢建军

进入21世纪，企业发展不再是单纯靠降低价格取胜，品牌的作用愈发凸显，尤其是在经济结构转型升级中，城市的转型只有和发展品牌经济联起手来才能塑造良好的城市形象，提升城市的软实力和竞争力。资源型城市因资源而兴，也因单一的以资源为中心的产业发展使城市面临转型难题。东营市是典型的石油资源型城市，在全国经济发展进入新常态的背景下，经济转型是东营市面临的重大课题。

一、资源型城市转型：机遇与挑战并存

以煤、石油、矿石原料等为主的自然资源在需求量大幅增加的过程中，兴起了一大批资源型城市，东营市依托石油资源发展便是其中的典型代表。伴随着中国经济下行压力加大，特别是进入经济新常态，资源型城市的发展空间被压缩，谋求转型成了图存求变的重要抓手。总体来看，资源型城市的转型既面临挑战，也存在机遇，我们以东营市为例来探析。

(一) 面临的挑战

1. 石油产业有所衰退，产业结构出现失衡现象。1991年之后，胜利油田石油产量不断下降，当前基本稳定在2700万吨上下，而且目前无论是石油开采难度还是储备质量都存在一定的问题。东营市财政收入的1/4仍然来自石油产业，依赖度偏高，石油接续替代产业发展缓慢，层次不高，特别是服务业相对滞后。随着我国经济进入了经济增长速度换挡期、结构调整阵痛期、前期刺激政策消化期"三期叠加"的发展阶段，资源型城市的经济社会问题更加突出，历史遗留问题也更加明显。如果东营市不能摆脱对石油产业的依赖，积极应对各种风险和挑战，城市的后续发展和转型升级将很难开展。

2. 环境问题亟待解决，生态保护难度加大。石油资源型城市以石油开采和加工为主导产业，难以避免出现大量的废水、废气、废渣，不可避免地对周边的空气、地下水、地表水、土壤带来不同程度的污染，进而会对人们的生产和生活带来严重不良影响。东营市大部分地区属于退海之地，其本身的环境承载能力就弱，在石油产业不断发展中，生态承载力不断受到冲击。在2010年，全市曾对15个浅层地下水样品进行了检测，结果是全部标本受到石油类污染。历史遗留的环境问题要想在短期内彻底解决难度很大，保护生态环境绝非一朝一夕的事情，涉及到观念改变、战略调整、产业优化等诸多层面的问题。

3. 油地关系协调困难，民生发展压力倍增。采油厂分布广泛，点多面广，横跨多个县区，油田人员和地方人员往往会因为农田还是油田的问题出现矛盾，在利益博弈中不和谐的现象时有发生。2004年以来，中央企业分离办社会职能试点在中石化推开，原有的社会职能逐步移交地方政府。东营市接收了油田的63所中小学及教育机构；医疗机构、水电等社会职能、油田地段的道路卫生、绿化、雨污排系统等部分管理权等已经或正在进行移交。地方政府承接的都是公益性社会事业，几乎没有经济效益，地方财政压力陡增，政府在改善民生和促进社会事业发展上压力更大。

(二) 面临的机遇

1. 国家发展战略带来的机遇。京津冀协同发展战略和《环渤海地区合作发展纲要》发布后，东营成为重要节点城市。山东省"两区一圈一带"区域发展战略深入实施，黄河经济带建设积极推进，东营市拥有实施黄蓝国家战略的机遇，在全省格局中居于重要地位。作为资源型城市，东营市可借助战略实施的关键期，积极申请重点产业、基础设施、社会事业等领域相关政策和资金，加速基础设施建设，深入优化区位要素，把握机遇迎头赶上。在战略机遇中，各地的资源要素流动也会加快，作为节点城市，吸引人才和资本有着重大优势，需要充分利用。

2. 发展潜力仍然巨大。经过数十年的发展，东营市石油产业及石油化工产业积累了大量的资金和技术，也为东营市结合自身条件，培育新兴产业打下了坚实的基础。随着城市功能的逐步完善，新兴产业的不断发展壮大，东营市将逐渐演化成一个综合型的城市。东营市具有发展旅游业的重要条件，1410平方千米的湿地总面积，如果经过合理规划、科学的保护开发，完全可以打造成舒适宜人的旅游景观。充分挖掘石油文化，形成石油系列文化场馆和旅游项目，既是对石油开发的历史纪念，也可以吸引大批观光者。

二、品牌经济在城市转型中的重要价值

一个地区、一个城市，有没有品牌，品牌价值的高低直接影响到一个地方的经济发展水平和经济活跃程度。品牌经济是推动经济发展的源动力，更是一个地方实现持续发展的牵引力，品牌经济对于资源型城市转型具有重大价值。

(一) 推动经济结构转型升级

从东营市来看，传统产业品牌经济发展无论从理念上还是在高端

要素方面都存在滞后的问题，用品牌经济加快传统产业改造升级势在必行。发展品牌经济，引导企业提升核心竞争力，改变过去只重规模扩张而忽视品牌建设、只重眼前经济效益而忽视长远技术创新的问题，有利于引领传统产业走出困境，用长远的眼光审视企业发展，进而带动供给侧结构性改革，提高发展的质量与效益。以东营市石油装备产业为例，该产业虽然有集群的优势，但是存在核心技术受制于人，企业盈利能力较弱，同质化严重，发展空间狭小等问题。解决问题的关键是拓展发展空间，加强技术创新，培育自主品牌，提高品牌经济的竞争力。

从中国制造到中国智造，提升的不仅仅是工业制造的技术，还有发展理念。东营市的制造业不可谓不强大，但因为受制于自主品牌产品较少的现实，品牌价值外溢，企业盈利不足。将主导产业由第二产业过渡到第三产业是发展的大趋势，东营市也处在这一发展阶段上。但如何转型，怎么过渡，却没有找到明确的路径。改变上述困境，增强产业升级动力，提高企业竞争能力，只能以品牌经济为发展目标，为企业转型升级进而为城市转型升级找到一个明确的方向。

（二）深度契合战略机遇

黄河三角洲农业高新技术产业示范区已于2016年11月4日正式启动，加上前期已经确定的黄河三角洲高效生态经济区、山东半岛蓝色经济区，东营市至少已经处在三大国家战略叠加交汇点上。另外，《环渤海地区合作发展纲要》和山东省"两区一圈一带"区域发展战略的逐步落实，无疑也会带来各类高端要素的融合聚集，为东营市加快科学发展进程提供了前所未有的重大机遇。

发展品牌经济急需各类高端要素，如高层次创新机构、高端人才、高质量资源等，在国家政策的大力支持下，资源集聚正是发展品牌经济的大好时机。东营市有着丰富的土地资源和广阔的发展空间，实施品牌发展战略，有利于提升地区的竞争力。生产要素在区域间的合理流动，有利于实现互通有无、优势互补，强化区域协调联动，可以进一步扩大品牌的影响力，提升城市的知名度。

（三）有效放大发展潜力

2003年东营全市只有7个山东名牌产品，占全省总数的1.5%。2016年东营市拥有的中国名牌产品、山东名牌产品和山东省服务名牌数量分别达5个、138个和29个。数据的背后是这座城市推进品牌发展战略已取得明显的成效，也体现了这座城市对发展潜力的深入挖掘。

企业是品牌经济发展的核心，也是地区经济发展的排头兵。在大众消费品品牌不足，尤其是石油装备、石油化工、橡胶轮胎等企业集聚的现状下，发展品牌经济不能只靠企业单打独斗，还需要政府的调控和扶持。政府要高度重视，对照行业标准和具体参数，高质量严要求，对症下药，突出重点，加强奖励。企业要积极主动创新，提升和维护企业的形象和知名度，不断提升管理水平和产品质量水平。

（四）提升城市竞争实力

发展品牌经济不只是要提升企业形象，带来经济效益，更高层次的价值在于提升城市的软实力和竞争力，增强城市的凝聚力和向心力。想到某一品牌就联想到某一座城市，企业和产品的品牌形象成就了城市的知名度，如人们提到海尔就想到青岛，提到手表就想到瑞士等。

城市品牌的形成不是瞬间完成的，也不是只靠一件名牌就能达成的。积极发展品牌经济，形成有一定规模和数量的、有自己鲜明的本地特色名牌是前提；对众多品牌进行抽象化处理，形成具有一定共性的价值取向是目标。城市品牌是城市最宝贵的财富，城市良好的形象、信誉、声望能起到聚集人才的效果，更能实现聚集和创造财富的目标。

参考文献：

[1] 谢京辉：《品牌经济与城市转型升级》，载于《城市问题》2014 年第 6 期。

[2] 王伟凯：《新常态新机遇 资源型城市产业转型路径》，载于《赛迪方略"新常态"系列研究》2015 年第 4 期。

作者单位：中共东营市河口区委党校

积极实施商标战略　助推县域经济发展

——以泰安市东平县为例

李　平

　　习近平总书记在党的十八届五中全会上提出"创新发展、协调发展、绿色发展、开放发展、共享发展"的五大发展理念，并且对落实这五大发展理念，落实发挥品牌引领作用，推动供给侧结构性改革和需求结构升级，对以市场为导向，以企业为主体，以创新为动力，夯实质量基础，突出驰名商标等提出了明确的要求。在2016年的9月18日，山东省人民政府办公厅印发了《山东省人民政府关于加快推进品牌建设的意见》，意见中指出全面实施商标品牌战略的要求。商标是品牌的法律标志，是重要的知识产权，是打造品牌的重要依托。实施商标战略，推进品牌经济发展，对于推进工业、农业和服务业的升级，适应经济发展新常态，都具有重要意义。近年来，东平县以企业为主体，以市场为导向，以优势资源和特色产业为重点，积极利用商标战略发展地方经济，为建设"魅力东平"提供了强有力支撑。

一、东平县推进商标品牌战略的现状

　　近年来，东平县始终把商标品牌战略作为政府的重要工作之一，列入全县科学发展考核体系，紧紧围绕县委县政府推进转方式、调结构这一主线，专题研究商标品牌战略实施，大力实施商标战略，加快培育壮大自主品牌，着力提升区域经济核心竞争力，有力地促进了商标战略与经济社会发展的深度融合。为提高企业商标申报的积极性，县委、县政府对新认定的中国驰名商标、省著名商标、地理标志证明商标给予历年来最高的奖励，极大地为著名商标的争创提供了强有力的政策支持。截至目前，全县已拥有中国驰名商标6个、山东省著名商标10个、国家地理标志商标3个，成为东平经济发展亮丽的名片。自2009年起，新东岳集团"东岳"商标，瑞星集团的"东平湖"商标，山东九鑫机械有限公司的"泰山"商标，山东光大日月股份有限公司的"智育"商标，东顺集团"顺清柔"商标，九鑫集团"满婷"商标相继被认定中国驰名商标；"安山大米""大羊薄皮核桃""彭集花生"也被认定为国家地理标志证明商标。商标品牌发展战略，虽然为全县经济社会发展起到了一定的推动作用，但仍存在着一些急需解决的问题，主要表现在：一是企业商标品牌意识仍需加强；二是企业商标价值不高，品牌影响力和市场认知度有待提升；三是商标品牌结构不够合理；四是商标品牌管理类人才缺乏等。这都需要在今后的工作中予以高度重视，认真研究解决。

二、科学规划，重点做好驰名和著名商标的培育工作

为确保商标战略取得实效，东平县本着"分类指导、一企一策"的总体原则，对有市场潜力、发展前景好的企业，重点做好商标的培育扶持工作。

一是实施商标联络员制度。一个商标就是一个企业的"标签"，就是一个企业"金字招牌"，对增加企业效益、促进企业发展具有举足轻重的作用。东平县出台了《商标联络员制度暂行办法》，明确将商标科科长作为全县范围的商标联络员，同时由每个基层工商所分别推荐一名

商标业务骨干担任本辖区的商标联络员,深入普及商标知识,指导企业制定商标战略和商标管理制度,为辖区企业申报著名、驰名商标出谋划策。

二是实施重点企业商标战略"二次创业"。深化商标注册激励机制改革,加强行政指导,引导各类市场主体加强商标注册。对有一定市场知名度的商标进行重点扶持,从产品的广告宣传、合同签订、质量把关、科技含量等方面予以指导,鼓励其争创著名商标、驰名商标,实施商标战略"二次创业"。瑞星集团是东平县支柱企业,1981年就在县工商局指导下注册了"东平湖"商标,30多年来,县工商局工作不间断,多次邀请省市工商局的商标专家深入企业就企业形象策划、商标战略等进行专题研讨,有力支持了企业走向品牌发展道路。目前瑞星集团共注册了"东平湖""泰山谷源""润银""超越""农源"等八大类近100个商标,全方位体现了瑞星集团的品牌价值。

三是实施梯次培养的争创战略。该县对现有720件商标进行了整理分析工作,形成了《东平县商标梯次发展规划》,按照"培育一批、储备一批、申报一批"的原则,建立商标发展储备库制度,使全县的商标发展呈现出梯队式结构,同时出台一系列措施降低准入门槛,鼓励支持市场主体充分运用商标,加快商标品牌化进程。

四是加大对商标品牌的保护。严厉打击违法印制、使用知名企业商标、包装、商品名称、装潢图案等"傍名牌"的违法行为,形成打击侵权假冒行为的高压态势。2014年以来,县工商局积极开展"双打"等专项行动,检查经营主体335家,查处各类商标侵权案件51起,为企业挽回经济损失700余万元。同时,与13家商标企业签订了维权协作合作意向书,建立了案件通报、定期回访、联防联治等工作制度,多次联合企业、公安等部门先后破获了河北、河南、天津等多起假冒"东岳""东平湖"商标侵权案,涉案价值达150多万元,形成了工商机关与企业良性互动、多措并举、群防群治的商标专用权保护局面。

三、全面实施商标品牌战略的路径

全面实施商标品牌战略应采取以下路径：

一是加大宣传力度，提高全社会商标品牌意识。积极组织乡镇领导、企业管理层和农民专业合作社负责人进行商标知识培训，组织外出参加交流，学习先进地区先进经验，引导商标所有人增强商标意识，转变经营管理理念，走商标品牌化发展之路。采取经验交流会和业务培训等形式，运用报刊、广播、电视和互联网等媒体，广泛宣传《商标法》，普及商标知识，宣传尊重知识产权、实施商标战略的正面典型，营造良好社会氛围。

二是着力提升商标品牌价值，制定扶持政策。商标的生命力在于运用。要加强业务指导，引导市场主体充分运用商标，加快商标品牌化进程。一个商标就是一个企业的"标签"，就是一个企业的"金字招牌"，对增加企业效益、促进企业发展具有举足轻重的作用。近年来东平县按照"积极培育、着力扶持、重点推荐"的原则，分层次培育、扶持、壮大一批驰名、著名商标。加强集体商标、证明商标工作，引导企业、产业抱团打品牌、闯市场。要针对不同企业规模、商标培育不同阶段进行分类监管，做好已有商标的宣传推广工作、著名商标和驰名商标梯队培育工作；对商标意识较强的企业，要进行悉心辅导，做到成熟一件申报一件，引导其走商标品牌发展之路。

三是加强商标管理和专用权保护。按照国务院、工商总局和省政府等确定的工作重点，深入开展打击侵犯商标专用权和制售假冒伪劣商品专项行动，打击侵权违法行为，查处假冒伪劣商品，为优质企业发展腾出空间。指导企业制定商标战略规划和商标管理制度，运用现代化手段建立健全商标管理档案，提高商标管理效能。支持企业注重品牌资产的管理，加强企业在并购、资产重组中的商标专用权价值评估，防止无形资产流失。鼓励企业运用商标权进行投资入股、质押融资、许可使用、转让等，提升商标品牌价值。建立长效机制，强化跨区域协作，提高商标注册、运用、保护和管理水平。把商标品牌建设和技术研发、产品设计、销售渠道建设作为提升产业价值链的重要措施。

四是加强政府考核机制。要建立健全各乡镇（街道）创牌工作的考核机制，建立常设的品牌推进工作领导、指导和服务机构，将商标注册、驰名和著名商标争创工作与当年的经济工作挂钩，纳入目标考核、管理，同考核、同奖惩；借鉴外地的经验做法，政府在奖励驰名和著名商标的基础上，把奖励范围延伸到农产品注册商标。

作者单位：中共东平县委党校

关于欠发达地区品牌经济发展的思考

李 泉

品牌经济是打造一个城市、一个地区乃至一个国家竞争力的关键。改革开放30多年来,随着经济持续快速增长,我国经济发展条件和环境也正发生着深刻变化,传统比较优势趋于弱化,原有的发展动能不足。适应新常态,引领新常态,必须更加注重内涵式发展,克服传统思维定式和粗放式发展惯性,把经济发展转到提高质量和效益上来,走品牌经济发展的路子。与发达地区相比,欠发达地区由于经济基础、思想观念、区位条件、人才资源、融资等因素制约,品牌经济发展还相对落后。欠发达地区该如何发展品牌经济,就成为必须探讨的重要课题。

一、解放思想,树立区域品牌发展意识

意识是行动的先导。缺乏品牌意识是欠发达地区发展落后的重要原因。品牌作为一个地区的名片,在地区发展中具有引领和牵引作用,没有品牌发展意识,就没有品牌发展动力,自然也不会形成品牌经济发展氛围。增强品牌意识,要着力从思想观念上入手,从解放思想上下功夫。为此,要加大宣传教育力度,营造宣传氛围,善于运用多种渠道宣传品牌经济,讲清品牌经济发展的意义,充分认识品牌的重要性,以进

一步解放思想、更新观念增强发展品牌经济的信心，并结合学习尤其是到品牌经济发展较成功的地区现场考察，亲身感受品牌经济的巨大作用，增强发展品牌经济的意识和动力。还可立足本地，创建品牌企业龙头，树立样板，发挥其示范作用，将品牌经济潜移默化地融入人的思维意识中，推动地区品牌经济发展。

二、创新发展理念，做好产业品牌发展规划

科学发展理念是推动欠发达地区经济发展的前提，也是品牌经济发展的先导性影响因素。推进欠发达地区后发崛起，要按照创新、协调、绿色、开放、共享五大发展理念要求，围绕着品牌培塑，因地制宜地搞好产业品牌发展规划。要搞好资源调查，对区域内所有资源品种、数量、含量、开采现状等进行全面摸底，把宏观政策和地区自身优势结合起来，找出比较优势，因地制宜地做好产业品牌发展规划。有了好的发展规划，品牌经济发展才有保证。

三、发挥地区优势，找准品牌定位

品牌定位不但有利于明确区域品牌发展方向，而且富有地区特色的品牌更加容易提高市场知名度和影响力。因而发展品牌经济，必须找准品牌的定位。这种定位是建立在综合分析本地区有利条件基础之上的。欠发达地区虽然在品牌发展上有诸多制约因素，但它们却有着自己独特的优势，如悠久的文化历史、独一无二的风土人情、自然清新的田园风光、富有特色的手工技艺等，这些都是其他地区难以复制和模仿的。发展品牌经济就要围绕"特"字做文章。特色是潜力，特色是竞争力，特色也是生命力。欠发达地区品牌经济发展的优势在特色，潜力也在特色。从成功县（市、区）的实践来看，发展特色产业，培育特色经济，走品牌经济发展的路子，是欠发达地区发挥后发优势，实现超常规跨越

式发展的捷径。经济落后并不可怕,关键是找准突破口,把握好科学发展的着力点。要站在区域经济一体化的高度,置身于经济全球化的大背景下考虑问题,切实发挥好自身的资源优势、区位优势、比较优势,在资源优势中培育地方特色,在区位优势中探索发展着力点,在地方特色上找准产业突破口,要在传统优势产业中筛选特色品牌,选准主导产业,进行重点开发,实现"一县一业""一乡一产""一村一品",打造独具特色的战略产业,培育地方品牌产品,把比较优势拉长,把比较优势转化为市场优势和经济优势,走好专业化、规模化、品牌化发展的路子,使一个产品或一个品牌成为区域产业的代名词,逐步形成本地区的核心竞争力。为此,必须深入挖掘和利用地区内独特的历史文化、风土人情、特殊技艺、地理特征和自然资源,结合已有产业基础进行品牌定位。如在自然环境丰富、独特的地区,可发展乡村旅游,创建旅游型品牌,在历史文化深厚的地区,可对历史进行挖掘,挖掘产品的历史文化底蕴,赋予品牌更深层次的文化内涵。

四、扩大宣传,提高品牌知名度

培育品牌的重要环节是宣传品牌。虽说金子总会发光,但在海量信息社会,竞争日趋激烈,酒香也怕巷子深,进行产品包装、宣传与策划不但必要而且必须,现在市场上的品牌可以说是多如繁星,且更替频繁,任何品牌如不及时宣传,就可能被放在"被人遗忘的角落"。在打造品牌的过程中,企业要改变过去"只做不说"的习惯,想方设法把自己产品定好位、宣传好、推介好,扩大品牌影响力。

五、发展龙头带动作用,在推进农业产业化中培育品牌

龙头企业是推动欠发达地区经济发展的"火车头",也是推进品牌建设的关键一环。龙头企业关键在带动、关键在示范。它不但可以促进

农产品加工增值，提升农村工业化水平，增加区域税收，而且能够以工促农、以工带农，促进地域经济的全面繁荣。改变欠发达地区落后面貌，就必须牵住培育龙头企业这个"牛鼻子"，紧紧抓住龙头企业这个地区品牌，围绕主导产业，培育和扶持以农副产品深加工为主的实力较强、规模较大、辐射带动力强的龙头企业，延长农业产业链条，在深加工、精加工中增加附加值，发挥出欠发达地区的后发优势，推进区域经济跨越式发展。

六、改善地区环境，促进产业集聚

任何一项工作，政府的重视和支持是最大的驱动力。政府要重视市场规律和品牌成长规律，做大做强做多区域品牌，共同促进区域经济的发展。产业集聚是推动地区经济发展的一个重要动力，更是塑造品牌的重要途径和载体。产业品牌的形成是伴随着产业集聚的产生、成长而逐渐形成的。影响产业集聚能力的区域环境包括自然环境和社会环境。自然环境主要是指生态环境；社会环境包括基础设施、人口、科学技术、历史文化、法律法规以及政策等。生态环境直接影响人们的生活和生产水平，在当前发达地区生态环境持续恶化的情况下，欠发达地区相对较好的生态环境有发展高新精密等产业的优势，因而要把握好"生态"名片，吸引那些对环境质量要求高的产业集聚。同样，社会环境中的各个因素正以各种形式影响着产业集聚。同时，地区经济的发展需要一个功能齐全的基础设施网络和相对有利的政策环境，政府部门应着力推进基础设施和制度建设，为产业集聚提供一个良好的环境。只有这样，才能吸引高素质人才、先进科学技术等集聚，从而达到相关产业的集聚。

七、做好招商引资，以项目引领品牌建设

项目是推动欠发达地区经济发展的重要载体，同时也是品牌培育的

重要载体。有项目才能造就品牌，有项目才有财源，有项目才有就业，有项目才有经济发展的支撑点。欠发达地区经济要摈弃单纯围绕本地需求谋发展的老思路，积极借鉴外地经验，参与国际、国内两个市场的分工协作，以特色资源吸引项目、以优惠政策引进项目，以优质服务和良好发展环境留住项目，使资金、技术和人才源源不断地向区域流动，以此达到品牌建设的目的。

八、坚持以人为本，为品牌建设提供支撑

创立、发展和保护品牌，涉及到企业各个部门各个环节，对企业整体素质要求极高。而这一切工作均是由人来完成的，人的素质构成、能力发挥，直接关系到企业品牌战略实施的成败。山东省之所以产生像海尔等一大批知名品牌，与企业重视人才是密切相关的。为此，在培育品牌过程中，一定要做到培养人才、广纳人才、重用人才，借助人才优势培育出企业品牌。

九、实施大众创业计划，通过发展民营经济培育品牌

发展壮大民营经济是推动欠发达地区经济后发崛起的最现实路径，也是知名品牌产生的重要力量。区域经济的优势很多，特色也很多，但最大特色是民营经济，发展民营经济是区域经济发展的最大出路，也是品牌产生的重要源泉。民营经济产权清晰，主体明确，机制灵活，能够最大限度地发挥人的潜能，具有适应市场经济发展的先天优势。在当前经济增幅趋缓、拉动投资相对乏力的形势下，必须进一步激发民间主体创业热情，激活新的经济增长点，特别是通过优化发展环境促进民营经济发展，使其成为创品牌的重要力量。

作者单位：中共东平县委党校

必须重视解决品牌建设中的三大软肋

杨盛林

品牌兴则国家兴,品牌强则国家强,质量立国品牌强国,是新常态下转方式调结构、培植经济发展新动能的必由之路。然而严峻的事实告诉我们,中国品牌在国际品牌体系居"第三世界"的局面没有根本改变。山东是经济大省却不是品牌强省,山东品牌始终仅有海尔与青岛啤酒两席位居世界品牌500强,品牌建设滞后制约着山东省实现由大到强的新跨越。究其原因,山东品牌建设在价值尊崇、主体动能、平台支撑三方面存在软肋。

一、价值软肋:质量立省品牌强省没有成为普享尊崇的价值航标

党和政府始终高度重视品牌建设,持续从战略高度、现代化全局谋划推进品牌建设。首先,从国家层面看,全国"质量月"活动从1978年提出至今已经开展39年[①];1982年我国颁布《商标法》,依法保护商

---

① 肖兰:《建设质量强国 共创美好生活——访国家质检总局质量管理司副司长惠博阳》,载于《标准生活》2011年第9期。

标品牌、保护知识产权；2007 年第一届中国品牌节开启了中国品牌的盛宴；"十二五"时期品牌建设首次纳入国家规划上升为国家战略，国务院七部门出台了《关于加强品牌建设的指导意见》；2012 年国务院颁布《质量发展纲要》，把品牌强国作为建设质量强国、经济强国的基石；党的十八届五中全会通过的"十三五"规划建议提出"开展质量品牌提升行动"，加强商标品牌法律保护，打造一批有竞争力的知名品牌；2016 年国务院办公厅出台《关于发挥品牌引领作用推动供需结构升级的意见》，以着力解决制约品牌发展和供需结构升级的突出问题。其次，从山东省层面看，2012 年山东省贯彻国务院《质量发展纲要（2011－2020 年）》实施质量强省战略，提出创建品牌培育激励机制的要求；2016 年《山东省国民经济和社会发展第十三个五年规划纲要》指出，构建质量发展体系，培育国际国内名牌产品和名牌企业，提高"鲁货"国内外辐射力和影响力；2016 年召开的山东省品牌建设大会提出把品牌建设作为推进供给侧结构性改革的重要举措。从质量立省到品牌强省方略的屡次强调，从理念先导、文化厚植、规划引领，到法制保护、环境营造、政策服务等，无不体现出政府及各级领导对品牌建设的高度重视。

我们不缺乏对品牌经济规律的高度认知，不缺乏品牌战略的制定实施，但是山东品牌始终没有形成"雨后春笋"般的萌生勃发，品牌的力量始终难以展现。品牌建设滞后的事实表明，我们缺乏艰苦奋斗、争创一流的精神，缺乏开拓创新、勇攀科技高峰的进取精神，缺乏的是企业家精神弘扬和工匠精神的传承，质量立省、品牌强省还没有成为山东质量的金色招牌。

理念指明前行道路，铸就价值发现航标。全面建成小康社会的"十三五"决胜阶段，正值山东经济由品种向品质过渡、由品质向品牌提升的并存期，唱响山东品牌就要强筋骨补短板，观念鼎新革故，将品牌强省战略由一般号召转变为落地生花，持之以恒常抓不懈，转变为山东品牌大省建设的不竭动力。要立足国内外两个市场，从全局角度系统谋划诚信品质、品牌山东的发展之道，努力培养和强化全社会的品牌意识，塑造尊崇品牌、培植品牌的商业价值趋向，加大品牌经济的政策及金融扶持，加强科技创新支撑，明晰政府质量监管部门、品牌管理部门的职能权责，建立并完善质量发展、品牌建设绩效评价考核体系和责任追究制度，加强质量品牌建设工作的监察督导，为发展山东品牌经济提供组织制度保障。

二、主体软肋：企业动能游离品牌建设，产品生产急功近利

（一）创新发明难拒山寨盛行，精益求精不敌急功近利

企业是品牌建设的主体，锻造品牌需要企业在市场上摔打历练，需要企业家创新精神和工匠精益求精品格的催化，更需要核心技术的积淀与质量尊崇的凝练，做精产品、做大企业、做强品牌有赖于企业价值高度聚焦及持之以恒专心致志的坚守。由于品牌建设滞后乏力，国民出现"爆买"日本马桶盖、欧洲奢侈品、澳洲洋奶粉的尴尬。不是我们的消费者不爱国，而是我们的品牌不给力，质量至上、匠心独运、特色鲜明、服务上乘没有形成我们企业的价值追求，没有全面铸就国货精品的金色招牌。

科技进步日新月异，给创新创造注入强劲动力，经济全球化让品牌大行其道攻城略地。我们鲁企不乏张瑞敏、赵志全式的著名企业家，海尔、青啤、浪潮、潍柴等知名品牌也是家喻户晓，但经济新常态下山东品牌经济的短板日益凸显，品牌形成的市场主体依然存在诸多问题。

首先，企业创牌意识淡薄，发展方式传统。有些企业依然秉持传统惯性思维定式，习惯于"速度论好汉、数量论英雄"的粗放型发展模式，不适应小批量、多品种、个性化、绿色化、高端化的现代市场需求特征，甚至错误地认为"创新创造、科技研发、品牌建设"为核心的发展方式与己相去甚远，认为品牌建设是大企业的事情，有没有品牌无

关紧要，经营管理定位在贴牌山寨，价值取向专注于急功近利。

其次，新常态下县域企业面临着"传统产业转型难、新兴产业培植难、技术人才引进难、金融资本融通难、创新创业驱动难"的问题，畏难守成，进取不足办法不多，思想禁锢束缚创新，研发投入占比低，没有自主知识产权的核心技术，难以支撑自主品牌的形成，企业走低质老路恶性循环。

（二）"注水招牌"铺天盖地，核心品牌何以顶天立地

品牌发轫于市场需求、成就于市场竞争，竞争有序的市场环境对品牌的培育和成长至关重要。但在品牌战略推进上，有些企业战略上"近视眼"、战术上"平快短"，不愿意卧薪尝胆十年磨一剑，不专注做质优精品，而是热衷剽窃擦边，假冒高仿；在商标管理上，产品商标相似度高，鱼目混珠难以辨识，既缺乏特质个性又不美观新颖；在品牌保护上，侵权现象屡禁不止，假冒品牌防不胜防，知识产权保护缺乏力度；在诚信建设上，企业失信成本太低，鞭挞惩戒高扬轻放；在资金融通上，金融资本避实就虚投机盛行，实体经济"贫血气短"，利微钱荒。在品牌宣传上，推介策略缺乏系统性，侧重产品外在形象的宣传，忽视文化价值的深挖铸魂。

品牌不是依靠政府及评估机构评出来的，是企业在市场上拼搏出来的，品牌建设要啃硬骨头，绝不会一蹴而就。培植品牌必须充分发挥企业市场主体作用，打破固有思维定式，顺应经济新常态发展趋势，摒弃低端化、同质化传统发展方式，拓新路谋新篇，走品牌引领、质量效益型发展道路。

三、平台软肋：平台支撑效能不强，品牌经营本领欠缺

品牌建设折射出政府驾驭经济的能力及企业深谋远略的经营技巧，强大的品牌经济一定是政府和企业双赢的结果，做强品牌经济既需要政

府构建政策服务平台,健全品牌建设服务机制,又需要企业提高品牌创建能力,持之以恒、笃实精准实施推进策略。尽管我们山东已经问鼎经济大省,但国际知名品牌匮乏彰显出我们欠缺完备的品牌生成机制和高超的品牌创建能力。

首先,品牌建设表现为有些地方政府习惯以行政化手段拟规划定纲要,重部署轻落实,重要求轻服务,支撑品牌经济发展的各类服务平台跟不上品牌建设的步伐,企业与高端人才对接平台、创业创新平台、技术研发转化平台、资本融合品牌培育平台、知识产权保护平台、企业信用体系平台等各自为战,平台联动机制不聚焦不协调,因而应加强顶层设计,依托互联网大数据整合平台资源,构建品牌引领型的品牌建设平台联动服务体系,即省级成立品牌经济服务平台联盟,市级设服务中心,创新优化品牌发展环境。

其次,企业内部质量管理体系与品牌建设机制不协调,品牌运营不专业。第一,在当前经济放缓下行压力日益加重形势下,中小企业把主要精力基本用在求生存脱困局上。第二,山东省众多企业多为产品管理导向型而非品牌建设引领型,以强化内部质量管控为中心,通过企业技术中心和质检中心强化新产品开发、生产工艺优化、原材料检测、出厂产品检验等环节上,众多企业没有品牌管理专职部门,既缺乏品牌运作长远规划,又缺乏有品牌管理经验的专业人才,品牌运作基本上由宣传部、企管办、市场部类似机构行使,品牌建设手段匮乏,打广告搞促销,方式传统单调,效果欠佳。

品牌强省需要政府和企业联动,政府应转变职能,创新服务方式,保护知识产权,优化市场环境;企业需要实施品牌引领战略,需要依靠全员创新、科学管理,打造出企业独具的竞争优势。

参考文献:

[1] 肖兰:《建设质量强国 共创美好生活——访国家质检总局质量管理司副司长惠博阳》,载于《标准生活》2011年第9期。

［2］迟福林：《结构性改革是当前改革的主要任务》，载于《港口经济》2001年第4期。

［3］史振厚：《企业家精神为何衰减》，载于《企业管理》2013年第9期。

［4］王雷英：《煤电企业自主创新的哲学思考——以西山煤电集团公司为例》，载于《品牌》2010年第4期。

作者单位：中共临沂市委党校

关于尽快制定山东名牌经济促进条例的建议

发展山东名牌经济课题组

山东建设名牌强省是建设经济文化强省的必然选择，是优化供给侧结构、培育企业在国内外市场竞争优势、提高名牌经济在地区生产总值中的占比、助推山东省提前实现全面建成小康社会和现代化目标的必由之路。发展山东名牌经济，既需要政策引导和推动，更需要制定地方性法规来促进和保障。

一、制定山东名牌经济促进条例的必要性

制定山东名牌经济促进条例具有必要性，主要表现为三个方面：

（一）依法促进品牌经济建设是打造竞争优势的需要

当今市场经济是名牌经济，哪个省市掌握名牌特别是世界名牌多，它就会成为经济强省或经济强市；哪个国家掌握的世界名牌多，它就是世界经济强国。山东省提出建设经济文化强省，就必须依靠名牌经济来支撑，通过发展名牌经济来实现经济强省的战略目标。为了确保这一战略目标顺利实现，我们就必须加快名牌经济促进的地方立法工作，充分发挥法律手段的保障和促进作用。

（二）依法促进品牌经济建设是带动产业转型升级的需要

山东经济发展已进入重要的转型期，依靠劳动密集型产品参与国际市场竞争的优势已明显减弱，这就要求必须转型升级，集中力量培育技术密集型产业和资本密集型产业的竞争优势，发展先进制造业特别是先进装备制造业名牌产品、战略性新兴产业名牌产品、现代服务业名牌产品，并移位到产业中高端打造出名牌产品。

（三）制定促进条例是为品牌经济发展提供保障的需要

发达国家提出"工业4.0"、再工业化等对山东省的转型升级是严重的冲击，能否有效移位产业中高端和价值链高端，关键看能否依靠创新能力培育出产业中高端名牌产品。而这些不仅需要政府政策的扶持，更需要制定名牌经济促进条例来引导和提供保障，完善的法律制度建设是迅速催生并保障山东名牌经济发展的关键因素。

二、制定山东名牌经济促进条例的指导思想和基本原则

为促进山东名牌经济的发展，应建立健全名牌经济立法体系，填补立法空白，包括立法的目的、指导思想、基本原则、重点规划和促进措施等，使山东名牌经济立法工作走在全国的前列。

（一）制定名牌经济促进条例的立法目的

即为了适应经济转型、培育国内外竞争新优势、率先全面建成小康社会和实现现代化的需要，以创新为动力，从而促进各产业创名牌能力、创名牌的积极性和主动性，催生发展名牌经济的生机和活力，为创出新的需求和不断满足人们日益增长的需求做出贡献。为此，需要从政策、法律法规方面采取必要的措施，发挥出应有的引导、推进和保障作用。

（二）制定名牌经济促进条例的指导思想

即要为名牌经济的顺利发展提供法律依据和保证。首先，要把名牌经济作为山东经济发展战略，在明晰名牌取向的同时，需要制定一系列法律法规和政策，明确名牌经济主体责任，提高从事创名牌的企业、决策者、管理者和职工的能力；其次，从法律层面为规范大数据的利用提供保障，充分运用大数据掌握国内外名牌产品的状况及发展趋势，助推走山东创名牌的特色之路；最后，用国际化的视野推动名牌创建，依新法规促进国际间的合作，实现国际名牌产品的开发与培育。

三、山东名牌经济促进条例应重点规范的内容

山东名牌经济促进条例应包含以下基本内容：

（一）鼓励企业和社会强化创名牌意识，并把创名牌产品作为一种企业责任、社会责任

用法律法规明确企业的创名牌产品的主体地位和主体责任，引导企业制定的产品质量标准不仅要达到国际标准，甚至应超过国际标准，以及产品应争取获得国际质量管理体系和产品质量保证体系的认证；重视在国外注册商标，实现商标的国际化；学会到国际资本市场融资，把山东名牌带到国际投资者面前，并借助国际投资者推广名牌；敢于和善于到国外去建立研发体系和市场营销网络，树立山东名牌在国外政府、经销商和消费者心中的良好形象；鼓励围绕主业培育名牌产品、在推动发展专业化中培育名牌产品；把培育核心技术、企业核心竞争力作为创名牌产品的战略突破口和根本途径。

（二）在"山东名牌经济促进条例"中应明确将发展名牌经济作为山东重要的经济发展战略，将创新的直接目标定位为创名牌产品

要将创名牌的最高层次定位于创世界名牌，提高山东名牌在国内外

名牌产品中的地位。

（三）用法律法规规范制定建设名牌强省的中长期规划，用中长期规划引领全省的名牌建设

名牌强省建设应纳入山东省"十三五"规划。名牌建设的中长期规划应明确山东名牌建设的总体思路、总目标、名牌体系（农业名牌、制造业名牌、建筑业名牌、服务业名牌；中国名牌、国际名牌；产业低端名牌、产业中高端名牌；价值链低端名牌、价值链中高端名牌等）、名牌建设的重点（先进制造业名牌、战略性新兴产业名牌、产业中高端名牌、智造名牌等，以及根据基础条件分批次筛选应重点培育的中国名牌、世界名牌）和步骤、支持名牌建设的重大举措等。

（四）保护知识产权，为名牌经济发展提供良好的法治环境

发展名牌经济，必须建立健全自主知识产权的法律保护环境，有效打击假冒伪劣侵权行为，特别要强化反盗版对策，使知识产权得到有效保护，使企业的核心技术、创立的名牌产品能得到切实的保护。

（五）政府、社会组织和企业应协同贯彻执行该法

本省各级政府有责任制定有关措施，贯彻执行该法的各项条款；各社会组织要根据该法的目的和基本理念，适当地为政府分担责任和义务，充分发挥各社会组织的地区性特点，与政府合作共同贯彻执行该项法律；企业更应遵循该法的要求，充分考虑在创名牌产品中的主体责任。此外，在贯彻执行该法的过程中，政府还要在法治、财政、金融或其他方面采取必要的措施，如创造充分的竞争环境，有利于企业在竞争压力下培育名牌来参与市场竞争；同时，政府的扶持也必不可少。应尽快建立山东省名牌数据库；对获得省级以上名牌称号的企业，应在设立融资的绿色通道、项目贷款的财政贴息、扶持优先上市、科研立项、技改、先进技术设备的引进、各类工程招投标加分、政府制定名牌产品采

购目录、知识产权保护等方面给予必要的支持和激励；对影响名牌产品的新技术的研究开发予以支持。

（六）成立名牌经济专门研究会

山东省在制定"名牌经济促进计划"的同时，要设立"山东名牌经济研究会"，发挥促进山东名牌经济发展的智库作用。该研究会从不同产业选用名牌产品的制造者和专门研究者为研究会成员，使其从不同的专业出发，及时发现问题，补充和修订名牌发展策略，服务于制定切实可行的名牌经济政策。

（七）山东省应设立"山东著名品牌奖"

对创出中国知名品牌特别是国际名牌的企业和组织进行奖励；可考虑每两年评选一次，以发挥出应有的引导和激励作用。

课题组负责人：迟树功　吕　虹

山东省政府重视运用规划和政策引领品牌建设

池 明

山东省政府始终重视用规划和政策引领品牌建设，特别是近年来下发《山东省人民政府关于印发山东省农产品品牌建设实施方案的通知》《山东省人民政府关于加快推进品牌建设的意见》《山东省人民政府办公厅关于印发加快推进十大文化旅游目的地品牌建设实施方案的通知》对加快推进全省品牌建设提出了具体实施路径，对于促进三次产业提质增效转型升级，推动由经济大省向品牌大省、经济强省转变具有重大意义。

一、通过顶层设计引领全省品牌建设

山东省委、省政府根据习近平总书记的系列重要讲话精神，特别是对品牌建设提出的要求，明确提出"实施品牌引领战略"。为加快推进山东省农产品品牌建设工作，省政府办公厅于2015年5月印发了《关于加快推进农产品品牌建设的意见》，尤其是为贯彻落实中央关于农产品品牌建设的有关要求，省政府下发了《山东省人民政府关于印发山东省农产品品牌建设实施方案的通知》，按照"统筹规划、明确责任、密切配合、全面推进"的原则，制定全省农产品品牌建设总体规划，并提出各市、县（市、区）要结合本区域的产业优势和特色产品，分别做好各自的规划，明确目标任务，加强督促落实，做到全省上下联动，目标一致，行动统一，形成特色鲜明、比较优势突出的品牌布局；确立了"打造一个在国内外享有较高知名度和影响力的山东农产品整体品牌形象、培育一批区域公用品牌和企业产品品牌、制定一个山东农产品品牌目录制度、建立一套实体店与网店相结合的山东农产品品牌营销体系"的"四个一"目标任务，实现对全省农产品品牌建设的顶层设计，运用整体规划有效地推进品牌建设。

在服务业品牌建设方面，为贯彻落实山东省委、省政府关于加快建设东方圣地、仙境海岸、泉城济南、平安泰山、齐国故都、鲁风运河、水浒故里、黄河入海、亲情沂蒙、鸢都龙城等十大文化旅游目的地品牌的要求，推进文化与旅游深度融合，强化区域合作，加快旅游业转型升级，省政府办公厅下发了《山东省人民政府办公厅关于印发加快推进十大文化旅游目的地品牌建设实施方案的通知》，该实施方案提出了总体思路，即以创新、协调、绿色、开放、共享发展理念为引领，以旅游目的地建设为核心，以资源整合、文旅融合为路径，以市、县（市、区）为责任主体，坚持推进全域旅游、生态旅游、旅游供给侧结构性改革相统一，经济、社会、文化、生态文明建设相协调，统筹推进十大品牌建设。同时提出了基本要求，即"突出文化的引领作用，整合文化资源，凝练文化特色，展示文化魅力，增强品牌的文化内涵和独有特质；品牌的核心吸引力突出，核心区域文化资源集中，核心旅游产品知名度高，对品牌具有显著支撑作用，对周边具有较强的辐射和带动作用；符合城乡规划，基础设施和公共服务设施完善，旅游环境良好，游客举止文明，居民热情好客，游客与居民和谐共处"。明确提出发展目标，即"坚持全域旅游发展理念，整合全省最具特色和代表性的文化资源，将十大品牌建设成为继'好客山东'之后，在国内外具有较高知名度和美誉度的文化旅游目的地品牌集群，构建全国文化旅游发展新高地。争取在 2017 年完成东方圣地、平安泰山、泉城济南、齐国故都、鸢都龙城品牌建设规划，有 2~3 个旅游目的地基本完成品牌体系构建，在国内外形成较高知名度和吸引力；到'十三五'末期，十大品牌形象基本确立，服务功能完善，服务环境优良，具有较强的国际影响力和市场竞争力，在国内外消费者中有较高知名度和忠诚度"。

《山东省人民政府关于加快推进品牌建设的意见》提出，为深入贯彻落实《国务院办公厅关于发挥品牌引领作用推动供需结构升级的意见》，要落实创新、协调、绿色、开放、共享的发展理念，发挥品牌引领作用，推动供给结构和需求结构升级，以市场为导向，以企业为主体，以创新为动力，夯实质量基础，突出驰名商标，构筑品牌培育、保护机制，增强品牌建设能力，完善品牌建设环境，着力壮大品牌数量，优化品牌结构，提高品牌竞争力，提升品牌国际化水平，建设品牌强省，促进经济文化强省建设。这为山东品牌建设明确了发展方向，确定了目标任务，产生着巨大的引领作用。

二、近年来山东省政府制定的推进品牌建设的意见及品牌建设实施方案的核心内容

《山东省农产品品牌建设实施方案》的核心内容主要包括以下两个方面：

一是阐明了全省农产品品牌建设的现状和存在的问题。关于农产品品牌建设的现状，指出近年来全省各级政府立足山东农业种植传统和特色优势，加强政策扶持和规划引导，大力发展品牌农业，全省农产品品牌工作呈现良好发展态势。山东培育了一大批著名农产品品牌，为全省农产品品牌建设奠定了坚实基础，如莱阳梨、烟台苹果、潍县萝卜、金乡大蒜、沾化冬枣、章丘大葱、大泽山葡萄、峄城石榴等，国内闻名。全省区域公用品牌达 300 多个，有 20 个进入"2015 年度中国农产品区域公用品牌价值排行榜"百强，上榜数量居全国首位。尤其是烟台苹果列第 2 位，2016 年品牌价值达到 126.01 亿元，东阿阿胶、威海刺参、

金乡大蒜和苍山大蒜等品牌价值均超过40亿元；同时培育出许多标杆企业，形成了"鲁花""张裕""龙大""金锣"和"得利斯"等一批著名品牌。由于发挥品牌的示范作用，品牌经济效益不断提升，品牌效应日益显露出来，可以说一个品牌带动起一个产业，一个产业使一方百姓致富。近年来，除了莱阳梨、烟台苹果、肥城桃等传统区域品牌外，像马家沟芹菜、大泽山葡萄、峄城石榴等一批各具特色的品牌在省内外叫响，在带动当地区域经济发展和农民增收致富中发挥出积极作用。山东作为重要的农业大省在积极打造品牌农业的同时，还积极实施农业"走出去"战略，多次组织参加英国国际食品及饮料展览会、西班牙国际食品及饮料展览会、新加坡国际食品餐饮展览会、中国香港国际食品餐饮展览会等，进一步提升了山东农产品的国际品牌形象，提升了山东农产品的国际知名度和市场竞争力。该方案还提出，尽管山东省农产品品牌建设基础较好、发展成效显著，但与发达省份快速发展的势头相比仍显不足，主要表现在"农产品整体品牌形象有待于重塑，有口碑无名牌等问题日益凸显，出口农产品甚至多以贴牌为主，优质农产品在市场上难以形成鲜明的形象"；品牌农产品标准化体系有待于完善，标准化程度低已成为拓展国内外中高端市场的瓶颈；品牌农产品评价体系有待于建立，尤其要解决缺少科学系统的品牌产品评价方法等问题；品牌农产品营销推广体系有待于拓展，急需构建"线上与线下相结合、整体品牌形象塑造与渠道营销紧密结合"的营销推广体系；农产品品牌政策体系有待于整合。

二是提出了实施的路径，包括"实施山东农产品整体品牌形象塑造工程、建立健全品牌农产品标准体系、建立品牌农产品评价体系、建立线上线下品牌农产品营销推广体系、健全完善农产品品牌建设的政策扶持体系、夯实品牌农产品建设的基础"等，使农产品品牌建设的措施更加明确，可概括为一个整体品牌形象和五个支撑体系。

在打造一个山东农产品整体品牌形象方面，明确提出要"实施山东农产品整体品牌形象塑造工程。以政府为主导，公开招标采购主流媒体资源，以互联网、电台、电视台、报刊为平台，以车站、港口、机场为节点，构筑山东品牌农产品国内外宣传网络，借助各类媒体的力量，以山东农产品整体品牌形象为引领，充分利用各类国内外品牌专业展会、节庆活动等平台，联合各地优势区域公用品牌及龙头企业产品品牌，在国内外进行联合推介、捆绑式宣传推广，传统媒体与网络新媒体同步，宣传与营销并重，逐步塑造山东农产品品牌形象"。

在建立健全品牌农产品标准体系方面，提出围绕山东省粮食、油料、果品等十大产业，以知名区域公用品牌和知名企业产品品牌为重点，制定一套品牌农产品全过程质量控制标准体系，建立农业标准化生产示范体系，以及建立健全农产品质量安全监管体系，力争到2020年建立起既符合山东省实际又与国际标准接轨的农业标准体系。

在建立品牌农产品评价体系方面，提出要"研究制定山东省农产品知名区域公用品牌评价办法等，明确征集范围和程序、审核要求及具体推荐程序，提出区域公用品牌规划、品牌培育、农产品质量安全、科技创新等评价内容并量化指标以及企业产品品牌培育、科技创新能力、社会责任等评价内容并量化指标"，以遴选出山东省市场竞争力强和发展潜力大的区域公用品牌和企业产品品牌形成知名品牌目录，到2020年，将50个农产品区域公用品牌、500个企业产品品牌全部纳入山东知名农产品品牌目录，授权使用山东农产品整体品牌形象标识；开展山东品牌农业年度人物评选活动，挖掘品牌农业人物典型，推动"农业家"升级再造。

在建立线上线下品牌农产品营销推广体系方面，提出"大力实施山东品牌农产品国内营销体系建设工程。按照统一规划、统一形象、统一推介的原则，通过展示展销中心、连锁店、主流超市、电商网络四种渠道覆盖全国营销网络，销售渠道经销的产品中获得认证的绿色食品比例要达到90%以上，到2020年山东知名农产品品牌目录产品达到70%以上"，"采取市场化方式，通过竞争择优选择，确定具有主导品牌或渠道品牌的企业作为行业领军企业，在山东农产品集中消费量大的国内大中城市组建独立品牌连锁店1000家","努力打造最权威、最便捷的山东品牌农产品交易平台,大力推进山东品牌农产品质量安全追溯、强化品牌农产品议价能力、创新线上线下发展方式,使之成为山东省优势农产品在全国乃至世界的交易中心、定价中心、专业化产业服务中心和投融资中心"。

在健全完善农产品品牌建设的政策扶持体系方面,提出"农产品品牌建设是一项庞大的系统工程,需要政府强有力的政策支持和推动,充分发挥财政资金的撬动作用,调动社会力量和资金参与全省农产品品牌建设"。

在夯实品牌农产品建设的基础体系方面,提出"健全农业质量监管、监测、执法三大体系,完善省、市、县、乡、村五级监管队伍,强化农业投入品和农产品质量监管,建立健全监测结果通报制度和质量诚信体系,加快建立产销一体化的农产品质量安全追溯信息平台"。

《加快推进十大文化旅游目的地品牌建设实施方案》的核心内容主要包括:将十大文化旅游目的地品牌建设成为继"好客山东"之后,在国内外具有较高知名度和美誉度的文化旅游目的地品牌集群,构建全国文化旅游发展新高地。

一是建设东方圣地品牌。提出"重点依托济宁市相关旅游资源,以文化朝圣、国学研修、历史体验为主要内容,构建东方文化旅游胜地,打造国际研学朝圣旅游目的地和中华优秀传统文化观光体验胜地。空间布局上以儒学文化发源地曲阜、邹城两座历史文化名城为主体,以曲阜'三孔'(孔府、孔庙、孔林)、邹城'四孟'(孟府、孟庙、孟林、孟母林)为核心资源,西连运河之都,北接汶上佛都,东融圣源泗水,带动辐射微山湖、济宁古城、汶上南旺枢纽考古遗址公园等运河文化,汶上宝相寺、兖州兴隆文化园等佛教文化,曾子、颜子等东方圣地系列名人文化以及泗水泉林生态文化开发,建设曲阜优秀传统文化传承发展示范区、中华旅游与文化融合发展核心区和中华传统国学研学旅游示范区",并培育"鲁都朝圣""儒学体验""国学研修""文化旅游活动"

等主要产品。

二是建设仙境海岸品牌。提出"重点依托青岛、烟台、威海、日照等市相关旅游资源,深度挖掘、全面展示山东半岛独有的海洋文化,彰显天人合一、道法自然的哲学理念,提倡人与自然和谐相处、陆地海洋空间一体,展示山东人的祖先耕海牧渔的突出成就,依托仙境风光、体验海洋文化,以仙境海岸为引领,突出各城市个性品牌,打造中国道家养生、东方海洋文化体验、滨海休闲度假文化旅游目的地。空间布局上以仙境海岸旅游品牌为引领,按照'立足城市、做强岸线、依托海滨、海陆统筹'的思路优化空间布局,以青岛海滨风景区、崂山、凤凰岛、海泉湾、烟台蓬莱阁、三仙山、南山、长岛、昆嵛山,威海刘公岛、好运角,日照滨海景区、五莲山为核心资源,突出青岛城市休闲度假、烟台葡萄酒城、威海宜居休闲、日照水上运动,打造各具特色的海滨旅游城市。各市要以优质海岸、特色海岛、广阔海域和山岳乡村为载体,建设三大滨海特色旅游:一是海洋旅游。以海域和海岛旅游开发为基础,规划建设国家海洋公园和省级垂钓基地,建设邮轮、游艇码头,开辟邮轮航线,推动青岛成为国际邮轮母港,烟台成为始发港,威海、日照等成为停靠港;开发海上观光、邮轮游艇、海洋牧场、海岛度假等新型旅游体验产品。二是海岸旅游。延伸性开发海岸旅游,进一步提升青岛凤凰岛和烟台海阳国家级旅游度假区度假功能,将蓬莱、好运角、山海天等旅游度假区逐步建设成为国家级旅游度假区,构建以沿海城市、旅游度假区为主体,以近岸风景名胜区为支撑,以温泉旅游、乡村旅游、农业庄园等为重要补充的海岸旅游度假连绵带。三是滨海腹地旅游。以沿海4市的内陆县(市、区)为依托,提升昆嵛山、里口山、大小珠山、五莲山等生态旅游品质,开发特色乡村旅游资源,形成独具特色的滨海腹地旅游。力争把仙境海岸建设成为全国一流的海滨度假旅游连绵带和国际知名海滨旅游目的地",并培育"仙境逍遥""道教养生""休闲度假""文化旅游活动"等主要产品。

三是建设平安泰山品牌。提出"重点依托泰安、莱芜等市相关旅游资源,以大泰山旅游圈为主要地域,营造'五岳独尊、天地泰和'的文化空间体系,深度体验中国古代'人地共生、共存共荣'的自然理念,以及泰山文化会当凌绝顶的攀登意志、重如泰山的价值取向、呼吸天地的博大胸怀、滋润万物的无私奉献、国泰民安的美好希冀,打造中华祈福文化旅游目的地、国际化山岳休闲度假养生康体旅游综合体。空间布局上以世界自然与文化双重遗产泰山为核心,构建'一核、一环、一带、六大板块'的旅游空间结构。'一核'是以泰城为核心,山城一体,打造国内著名休闲旅游城市。'一环'为环泰山、泰城旅游休闲游憩带,大力发展休闲度假、医疗保健、养老养生等高端旅游项目。'一带'为大汶河旅游休闲带,着力打造贯穿区域内各县(市、区)的滨水休闲旅游带。'六大板块'为泰岱板块、新泰板块、莱芜板块、肥城板块、宁阳板块、东平板块",并培育"泰山祈福""山岳休闲""中医药养生""文化旅游活动"等主要产品。

四是建设泉城济南品牌。提出"重点依托济南市相关旅游资源,以济南泉水景观、泉水文化和古泉城为核心资源,以泉城济南为主体,打造完整的城市旅游目的地,慢游泉城、深游泉水,再现'家家泉水、户户垂杨'的城市生活,展示'济南名士多'的文化底蕴,体现'潇洒似江南'的城市气质,营造'四面荷花三面柳,一城山色半城湖'的城市风貌,打造中国泉文化休闲体验旅游目的地和国际休闲城市。空间布局上以天下第一泉(包括大明湖、趵突泉、五龙潭、环城公园、护城河等)为核心,以明府城为中心载体,以七十二名泉为骨架,南延北拓、东连西接、跨河发展、济莱(莱芜雪野湖)一体,融合现代城市休闲功能,构成城郊互动、传统与时尚共存的城市观光、休闲、城郊度假游憩的空间体系",并培育"泉城慢游""泉水体验""泉乡记忆""文化旅游活动"等主要产品。

五是建设齐国故都品牌。提出"重点依托淄博、莱芜等市相关旅游资源,以齐长城、齐国历史博物馆、足球博物馆、蒲松龄故居、周村古商城等先秦齐国文化和相关文化遗产为核心资源,以淄博市为核心区域，以齐长城为轴线，传承齐文化开放、包容、创新、重商、务实、法治的精神，建设齐文化传承发展创新示范区。空间布局上构建南部山水、中部人文、北部湿地的空间格局。南以齐长城为轴，构建生态鲁山和乡村旅游精品群；中部东西延伸，连接莱芜，构建齐国故城、齐文化博物馆、足球博物馆、姜太公祠、管仲纪念馆、蒲松龄故居、周村古商城齐风琉韵产品集聚区；北部建设马踏湖、天鹅湖温泉慢城，塑造具有国际影响力的齐文化旅游目的地"，并培育"齐文化展示体验""齐长城畅游体验""文化旅游活动"等主要产品。

六是建设鲁风运河品牌。提出"重点依托枣庄、济宁、泰安、聊城、德州等市相关旅游资源，深度挖掘山东运河沿线丰厚的历史文化和浓郁的民俗风情，以'诚信、仁义、包容、开放'的齐鲁运河文化内涵为核心价值，构建西部隆起带上的特色文化带、人工运河水生态景观带、运河新经济带，以运河山东段主要节点为依托，形成具有国际示范意义的历史文化遗产廊道。空间布局上以'鲁风运河'文化旅游品牌为统领，以运河文化为灵魂，以运河水道为骨架，以济宁、聊城与枣庄市为旅游核心区，点轴布局，沿河发展，构筑台儿庄古城、微山湖旅游区（包括济宁微山湖国家湿地公园、微山岛、南阳古镇、滕州微山湖湿地红荷风景区等）、中华水上古城、临清中州运河古城、德州老城区、汶上南旺枢纽考古遗址公园、东平古州城、戴村坝等多点支撑的空间格局，开发运河遗产观光、运河文化体验、运河城镇休闲、水利科技研修等旅游产品，打造国际知名的大运河世界文化遗产旅游带"，并培育"江北都江堰""鲁运河体验""舌尖上的运河""文化旅游活动"等主要产品。

七是建设水浒故里品牌。提出"重点依托菏泽、济宁、泰安、聊城等市相关旅游资源，以郓城、梁山、东平、阳谷等水浒故事主要发生地为主体，以体现水浒精神的'忠、义、侠、武'为文化特色，系统挖掘水浒文化内涵，全面整合水浒文化资源，构建富有竞争力的旅游区域联合体、具有国际影响力的文学名著旅游产品群，建立具有广泛关联性的水浒产业体系，打造中国水浒文化（忠、义、侠、武）体验文化旅游目的地。空间布局上以郓城水浒好汉城、梁山景区、东平湖、阳谷景阳冈、狮子楼景区为核心资源，以故事为空间引领，以人物为开发内容，联手做大做强水浒故里旅游品牌，打造地域特色鲜明的水浒文化旅游区"，并培育"水浒遗迹寻踪游、水浒文化体验游、水浒湿地生态休闲游、水浒武术修学游、水浒民俗风情游五大产品体系"。

八是建设黄河入海品牌。提出"重点依托东营、滨州、淄博、德州、济南、聊城、泰安、济宁、菏泽等市黄河沿线旅游资源，以山东段黄河沿岸特别是东营黄河入海口河海交融的震撼场景和自然生态为核心，突出黄河口河海交汇、陆海交融的独特魅力，挖掘黄河文化开放、奉献的精神品质，以高效生态经济区建设为依托，融入生态文化、屯垦文化、兵学文化、民俗文化等，打造中国黄河口文化观光体验旅游目的地和国家级河口生态旅游基地。空间布局上突出黄河文化和黄河入海世界奇观，串联黄河口自然湿地生态文化、孙子兵学文化、地方民俗文化，强化生态旅游资源的科学保护与有序开发，力争把黄河三角洲建设成为环渤海地区重要的生态休闲旅游胜地和具有一定国际影响力的生态旅游目的地"，并培育"黄河口生态旅游""兵学文化体验""黄河水城温泉体验""文化旅游活动"等主要产品。

九是建设亲情沂蒙品牌。提出"重点依托临沂、枣庄、淄博、潍坊、莱芜等市相关旅游资源，突出沂蒙红色文化，弘扬沂蒙精神，构建'红色沂蒙''绿色沂蒙'和'智慧沂蒙'三大优势，挖掘沂蒙及周边国内外知名红色旅游资源，结合革命故地山水风光和特色民俗文化，构建齐鲁红色旅游品牌，打造红色文化体验、绿色生态休闲的旅游目的地。空间布局上以沂山、蒙山为基础，以沂河、沭河为轴线，以红色名城临沂、枣庄、莱芜为核心，环山、沿河开发，以蒙山旅游区、沂山旅游区、孟良崮、抱犊崮、枣庄铁道游击队旅游区、莱芜战役纪念馆为核心资源，以山水为依托，以红色为主线，讲好老区故事，优化亲情服务，重点开发乡村旅游、红色旅游、地质旅游、生态旅游、农业旅游等产品,将沂蒙山打造成为全国红色旅游胜地和北方经典乡村旅游目的地",并培育"红色沂蒙""绿色沂蒙""智慧沂蒙""文化旅游活动"等主要产品。

十是建设鸢都龙城品牌。提出"重点依托潍坊市相关旅游资源,突出世界风筝之都和诸城、昌乐、临朐的珍贵地质资源优势,充分挖掘中国民间艺术之乡的民俗文化特色,展示'世界恐龙化石宝库'的地质奇观、昌乐古代火山群和蓝宝石之乡的独特魅力、山旺新生代化石地层的神秘景观,体现潍坊的艺术瑰宝和浓郁风情,揭示地球演化的历史和生物进化的奥秘,打造融合旅游、科普、修学、娱乐、体验、度假为一体的国内外著名民俗文化、地质奇观旅游目的地。空间布局上多城联动、多点集群,以诸城恐龙、沂山景区、昌乐宝石、临朐化石为核心,以潍坊风筝会、高密市红高粱、寒亭区杨家埠年画、青州古城、寿光蔬菜博览园等为重点,整合潍坊的民俗艺术品和乡村村落资源,开发民俗气息浓郁、游客参与性强、产业链价值高的旅游产品,推出四季民俗旅游活动,持续扩大潍坊国际风筝会的影响力,推进民俗文化资源的旅游化传承与利用",并培育"恐龙文化展示""优美壮观的火山地貌展示""地质科普科考体验""蓝宝石文化体验"和"科幻演艺"等经典产品,以及"文化体验""文化旅游活动"等主要产品。

《山东省人民政府关于加快推进品牌建设的意见》的核心内容包括:进一步明确了山东品牌建设的发展方向和总目标总任务,明确提出"按照党中央、国务院关于加快推进供给侧结构性改革的总体要求,以党的十八大和十八届三中、四中、五中全会精神为指导,深入贯彻习近平总书记系列重要讲话精神,落实'创新、协调、绿色、开放、共享'的发展理念,发挥品牌引领作用,推动供给结构和需求结构升级,以市场为导向,以企业为主体,以创新为动力,夯实质量基础,突出驰名商标,构筑品牌培育、保护机制,增强品牌建设能力,完善品牌建设环境,着力壮大品牌数量,优化品牌结构,提高品牌竞争力,提升品牌国际化水平,建设品牌强省,促进经济文化强省建设"。提出的工作目标,要求"品牌数量持续增加。到2020年,全省国内有效注册商标总量达到65万件,马德里国际注册商标达到2000件,地理标志商标(地理标志保护产品)达到500件以上;全省拥有国家工商总局认定的驰名商标700件,培育山东名牌产品2500个、山东省著名商标3800件,中华老字号数量明显增加";同时要求"品牌竞争力明显提升。到2020年,大中型企业研发强度增长10%以上。培育一批影响力大、竞争力强的世界知名品牌和一批国内一流品牌企业,进入世界品牌实验室(WBL)世界品牌价值500强的企业力争达到5家,进入中国品牌价值500强的企业力争达到60家。培育一批主营业务突出、竞争力强、成长性好、专注于细分市场的特色品牌。打造一批特色鲜明、市场信誉好的区域品牌。获得中国质量奖和提名奖企业达到10家以上",力争到2020年,"重点行业前十位品牌企业销售收入占同行业销售比重进一步提高,自主品牌产品出口占全省比重力争达到20%以上",实现品牌经济贡献率显著提高。

为实现山东品牌建设的目标,一是提出了推进品牌基础建设工程,用坚持更高标准引领,推进"山东标准"建设,加快"山东标准"国际化进程;实施精细化质量管理,引导企业强化质量为先的理念,推进万家中小企业引进先进的质量管理方法,提升计量、标准、认证和质量管理水平;支持企业提高质量在线监测、在线控制和产品全生命周期质量追溯能力;全面实施商标品牌战略,深入普及商标知识,指导企业制定商标战略和商标管理制度;提升品牌科技内涵,围绕重点产业和重点领域,提升科技创新综合实力,加大科技投入,采取产学研联合的方式,建设一批公共研发、设计和服务平台,支持制约行业质量提升的关键共性技术攻关,持续不断地取得突破;促进知识产权保护与运用,进一步加大知识产权行政与司法保护力度,完善跨部门、跨区域知识产权执法协作机制,严厉打击侵犯知识产权行为;培育示范标杆,组织做好并规范政府质量奖工作,积极争创全国社会信用体系建设示范城市、质量强市示范城市、产业集群区域品牌、食品安全示范城市(先进县)、知名品牌示范区、质量安全示范区，引导企业开展品牌培育试点，树立一批质量标杆、品牌培育示范，引领企业品牌培育；建设高层次人才队伍，实施企业管理人才素质提升工程，定期举办企业家培训、品牌经理专业培训，分批选拔优秀企业家和品牌管理人才出国培训等。二是提出供给结构提升工程，重点打造农产品品牌、提升制造业品牌、壮大服务业品牌、打造国际自主品牌、铸造食品药品品牌、培育区域品牌。三是推进需求结构升级工程，重点引领消费升级、强化品牌营销和推广、完善品牌诚信体系建设、优化营商环境。四是开展消费品工业"三品"专项行动，明确重点领域和发展方向，提升纺织、服装、食品等传统优势消费品供给，增加旅游装备、文化体育等中高端消费品供给，拓展智能、健康等新兴消费品供给等。

三、制定促进品牌建设的扶持政策

《山东省农产品品牌建设实施方案》提出了明确的扶持政策，提出"健全完善农产品品牌建设的政策扶持体系。农产品品牌建设是一项庞大的系统工程，需要政府强有力的政策支持和推动，充分发挥财政资金的撬动作用，调动社会力量和资金参与全省农产品品牌建设。一是加大投入力度，加快区域公用品牌农产品的标准制定（修订），支持引导品牌评价体系的运行；二是加大对品牌标准化生产基地建设的政策支持，引导各类主体加强品种选育、基地建设、品牌培育，推广物联网、水肥一体化等适用技术，引领开展标准化生产；三是加大公益性品牌形象宣传和目录品牌推介力度，开展多形式、多渠道、多层次的形象塑造和宣传推介活动；四是加大财政支持力度，支持开展农产品品牌建设，全面落实品牌农产品生产、出口等税收优惠政策，对品牌建设成绩突出的县级政府及品牌建设主体（农业龙头企业、合作社、家庭农场）等实行动态奖补政策。完善金融政策，加大对农产品品牌创建主体支持力度，解决其融资难问题，帮助其做大做强，使之成为农业品牌化建设的主力军"。

《加快推进十大文化旅游目的地品牌建设实施方案》提出的扶持政策，强调"省旅游发展专项资金、乡村旅游发展资金、各项旅游基金，以及'两区一圈一带'战略推进资金切块部分、各类文化发展基金等，重点倾斜用于十大品牌建设。市、县（市、区）要相应加大十大品牌的建设和营销资金投入。新增建设用地计划指标重点支持纳入省重点建设项目的十大品牌骨干项目建设。优先支持十大品牌建设工作突出的市、县创建国家级和省级旅游度假区、旅游综合改革先行区、全域旅游示范区、旅游基地和5A级旅游景区等"。

《山东省人民政府关于加快推进品牌建设的意见》提出要强化政策支持，强调要"充分利用现有渠道，统筹品牌建设相关专项资金，积极支持推进品牌建设工作开展。对获得国际知名品牌、国家级知名品牌称号的企业，分别给予资金奖励，奖励资金由同级财政列支。省级相关专项资金在分配时，向品牌建设工作成效明显的市、县（市、区）以及获得国家和省质量品牌荣誉的企业倾斜。充分发挥省级股权投资引导基金作用，引导参股子基金加大力度支持品牌企业发展和重点项目建设。鼓励金融机构产品和服务创新，向企业提供以品牌为基础的商标权、专利权等质押融资。全面落实支持企业品牌发展的各类税收优惠政策"。

总之，山东省人民政府印发《山东省农产品品牌建设实施方案》、山东省人民政府办公厅印发《加快推进十大文化旅游目的地品牌建设实施方案》，以及山东省人民政府发布《山东省人民政府关于加快推进品牌建设的意见》，强化了"创新、协调、绿色、开放、共享发展理念"的统领作用，体现出运用规划引领省域品牌建设的健康发展，明确了全省品牌建设的方向；提出了品牌建设的总体规划、总体思路、总目标和任务、发展路径等，必将带动山东品牌建设不断取得新的成效，从而推进山东由经济大省向品牌强省、经济强省的快速转变。

作者单位：中央山东省委党校

后　　记

  我们对山东品牌的研究，最早是集中对青岛品牌现象的研究，青岛市培育出一批中国名牌和著名世界品牌，形成了青岛名牌群，对山东企业乃至中国众多企业培育名牌都产生着深刻的影响。在此研究基础上，我们又关注山东全省企业培育品牌的实践，并进行了多次专题调研，尤其是依托山东省重大经济理论和经济发展研究基地这一研究平台，组织经济理论工作者和实际工作者开展协作调查研究，召开专题研讨会，也为本书的编写提供了重要的研究成果。其中，第三篇的大部分研究成果是从专题研讨会选出的优秀成果。王占益教授还撰写了第一篇中的"山东鲁花集团实施品牌战略的实践与经验"一文，王吉刚还撰写了第一篇中的"山东登海种业股份有限公司培育种业品牌之路"一文。在本书的编写过程中，我们参考了一些理论工作者和实际工作者的研究成果，特别是山东质量认证中心、山东省质量评价协会李韶南秘书长对本书编写给予了大力支持，在这里一并表示真诚的感谢。

迟树功

2017 年 4 月